能
见
度

visibilité

法国史

吕一民　主编
张　弛　执行主编

# 牲人祭

近代早期欧洲的犹太人想象

Un Récit de Meurtre Rituel
au Grand Siècle:L'affaire
Raphael Levy-Metz,1669

【法】皮埃尔·伯恩鲍姆　著

唐运冠　译

浙江大学出版社
ZHEJIANG UNIVERSITY PRESS

# 目录

# 导言 一次特殊的会面

蒙蒂尼莱梅斯是坐落在法国北部摩泽尔省的一座小镇，这里有一座安静的老年公寓，名字叫作"神圣家族"。公寓里面有一间书房，宁静而宽敞，书架上摆满了书籍。2001年2月13日，书房里来了三男一女，他们面对着面，坐在舒适的扶手椅上。房间入口处挂着一幅醒目的基督画像。随着交谈的进行，一件被遗忘了数百年的旧事重被提起，在场的人情绪激动，泪眼婆娑。

1669年，一个名叫迪迪埃·勒莫瓦纳的四岁男孩失踪了。后来被找到时，他已经死在格拉蒂尼的森林里。一个名叫拉斐尔·利维的犹太人遭到错误的指控，他被认为绑架并谋杀了那个男孩。他被判处在火刑柱上烧死。现在，332年后，迪迪埃的兄弟让·勒莫瓦纳仅存的后裔、90岁高龄的九世孙贝尔纳黛特·勒莫瓦纳，和来自洛林的历史学家、拉斐尔·利维家族十一世孙、这个家族唯一健在的成员皮埃尔-安德烈·迈耶，进行了第一次会面。他们的祖先曾经在这宗异乎寻常的牲人祭指控中殊死相搏，但出于极偶然的机会，当事人的这两位后裔却突然发现，自己正在基于一个共同的信念进行一场对话，这个信念就是：拉斐尔·利维是无辜的。

贝尔纳黛特·勒莫瓦纳以她特有的热情引领此次谈话。[1] 她穿着典雅，信念坚定，头脑清晰，谈话直奔主题。她说，在她的家族里面，许多

---

[1] 参加此次会面的有皮埃尔-安德烈·迈耶的表兄弟贝尔纳·利翁-卡昂，以及安排此次会面的当地学者亨利·舒曼，《洛林共和报》记者格扎维埃·兰伯特负责拍照记录。

人都相信拉斐尔·利维有罪，关于此事的记忆丝毫没有改变。勒莫瓦纳以前是一名钢琴和管风琴教师，曾在教堂里演奏过。她毫不掩饰她虔诚的天主教信仰。然而，她却一心想要探索那宗指控的究竟。[1] 后来，她把自己变成了一名业余历史学家，在摩泽尔省档案馆查看了利维的卷宗，[2] 还设法找到了几份仅存的谈论此案的文件。

不久，她做出了自己的判断：与整个家族（包括她的父亲）的说法相反，她宣称拉斐尔·利维是无辜的。她认为，他是一宗"阴谋"的受害者，是"无良奸商实施报复"的牺牲品。在她看来，"那个小孩确实是被谋杀的，凶手可能是一个屠宰商，因为他想要除掉拉斐尔·利维这个聪明的竞争对手"[3]。为了证明她的观点，勒莫瓦纳出示了一份共13页的稿件，上面是她精心写就的近乎书法体的文字，这不禁让人想起另一个时代的手迹。

这份稿件很快就被发表在梅斯的一份报刊上。在这期间，她对手稿作了一些更正，比如，约瑟夫·雷纳克不再被描述为"一个不起眼、但完全值得信赖的历史学家"，而变成"一个完全值得信赖的历史学家"。她也不再把发生那次悲剧的时间放在吹角节前夕，而是放在标志着犹太新年开始的那一天。但最重要的变化出现在稿件末尾，她在那里加了几句话，是关于她那个"仍然相信传说的真实性"的父亲的："但没有仇恨，也没有痛苦。在他眼中，犯罪者是一个对自身行为不负责任的疯子。"这样一来，她就把反犹主义对她父亲的影响降到了最低。[4]

---

[1] 关于此次意义非同异常的会面的报道，参见Lambert, "Les 'héritiers' d'une erreur judiciaire se rencontrent", *L'Est républicain*, February 23, 2001, *Les Dernières Nouvelles* (l'Alsace, February 23, 2001, and *Tribune juive*, no. 51, 2001.另见利翁-卡昂的记述，参见 *Revue du Cercle de généalogie juive*, no. 66, summer 2002.

[2] AD Moselle B 2144.

[3] 兰伯特、迈耶和舒曼的私人信件。

[4] Lemoine, "Double drame au pays messin au temps de Louis XIV", *Renaissance du vieux Metz*, bulletin no. 122, January 2002.

　　勒莫瓦纳写道："我是家族中第一个发现拉斐尔·利维无辜和圣洁的人，替他洗清冤情是我义不容辞的责任。"她又补充说："我的祖先尽管全无恶意，但他们犯下了一个严重的错误，令受害人蒙受巨大的冤屈，而且长达三个世纪都没能纠正。"不久前，人们刚刚举行了德雷福斯事件一百周年的纪念活动。勒莫瓦纳希望提醒人们关注利维的悲剧，为这个同样"草率且明显偏颇的审判"翻案。[①] 她勇敢地推翻家族的记忆："我的祖先不经意地助成了一个千古奇冤。但当他指控不幸的利维时，他面临着当地居民的巨大压力。相比之下，我更难理解他后来的态度。"[②] 在一封私人信件中，她对案件作了感人的评论："我的祖先被真正的罪犯利用了，但我们永远都无法弄清那些罪犯的身份。我们凭什么去评判三个世纪前一个不识字的农民的所作所为，何况他还处在丧子的哀痛之中？"[③]

＊

　　然而，在仔细阅读审判档案和关于案件背景的各种记录之后，我们发现，没有证据可以证实是身份"永远无法弄清"的那些罪犯"利用"了吉尔·勒莫瓦纳。这种解释相当于为逼迫利维至死的人开脱了罪责。没有证据可以证实是一个或一些不明身份的人给利维设下了圈套，包括勒莫瓦纳指证的那个屠宰商——勒莫瓦纳称，这个屠宰商"无法再容忍犹太人的竞争"，因而"设计让国王把所有犹太人逐出这个地区"。[④] 当她提出"罪犯事先就把目标锁定在勒莫瓦纳家的小孩身上，还是仅出于偶然才绑架了

---

　　① Lemoine, "Double drame", pp. 8 and 10.
　　② Ibid., p. 10.值得注意的是，她在手稿中写道："在市长佩耶等达官要人的压力下，他父亲屈服了……"
　　③ 2001年1月19日写给迈耶的信件。
　　④ Lemoine, "Double drame", p. 10.

他"这个问题的时候，她就已经假设确实存在一个阴谋，一个以谋杀悲剧
收场的绑架案。同样，也没有证据能够证明这种假设。这个假设还忽略了
一个更现实的可能性，即那个男孩仅仅是在森林里迷了路，最后被野兽咬
死并撕碎。总之，我们对小迪迪埃真正的死因仍然一无所知，但可以肯定
的是，没有证据表明存在谋杀犯罪，也没有证据证明存在勒莫瓦纳所说的
屠宰商密谋除掉"过于精明"的生意对手的情形。这个事件不能被归结为
普通的商业竞争。我们必须对有关人群的信仰作一番探讨，才能充分解释
这宗唤醒了世代相传的恐惧的悲剧案件。

\*

贝尔纳黛特·勒莫瓦纳虽然只字未提她的祖先的天主教信仰，但她
告诫现代犹太人要忠于自己的价值观——也正是因为这些价值观，拉斐
尔·利维毫不犹豫地献出了自己的生命。例如，她在2002年2月24日写信
给舒曼，正是此人安排了她同迈耶的那次难忘的会面："谢谢您的祝福。
请接受我真诚的祝愿，祝您和您的家人新年快乐。不过，你们的新年是9
月。我希望你们尽可能保持对古老传统的信仰，但这想必不容易！"①在
这里，她明确地唤起了关于犹太新年的悲惨历史的记忆。她提出，坚持庆
祝这个传统节日十分重要，因为这是坚守犹太信仰的象征，而勒莫瓦纳家
族和他们的许多邻居曾经试图根除的正是这种信仰。

在另一封写给迈耶的信中，她写道："请接受我真诚的2002年的祝

---

① 勒莫瓦纳写给舒曼的信件。2004年1月2日，她又写了一封信，并在信中再次祝他
新年快乐（见亨利·舒曼的私人档案）。勒莫瓦纳于2004年6月底去世。见*L'Est républicain*,
June 30, 2004.兰伯特在文中写道："在勒莫瓦纳夫人死后，唯一与这个离奇的故事直接相关
的人，就只剩下拉斐尔·利维仍然在世的后代了。"舒曼表示，他很遗憾没能戴着犹太圆帽
参加葬礼，"以示感谢"

福。不过，你们的新年是9月。我希望你们尽可能保持对美好的古老传统的信仰。亚伯拉罕是我们共同的祖先，我们同他间隔了大约400万年，这足以令我们眩晕，但这是一个多么美妙的奇迹啊！……人生苦短，如白驹过隙。我们终将在唯一的超验的神身上融为一体，此生只不过是在为终极喜悦到来的那一天做准备。"①

在这些感人的信件中，勒莫瓦纳强烈主张要永远维持犹太教的信仰。她希望借助这些信件给那个悲惨的事件画上句号，那个事件曾经把她信仰天主教的祖先卷进来，造成犹太青年利维蒙冤而死——在她祖先的眼中，这个犹太人正是邪恶的化身，是一个丧心病狂的弒婴者，因为他像恶魔一般渴望获得年轻基督徒的血。这场悲剧立刻让人回想起业已被法国人遗忘的传统的牲人祭指控。但在洛林地区的犹太人那里，这种记忆依然历历在目，以至于到了今天，他们中的一些人仍然不愿在夜间经过那片被诅咒的格拉蒂尼森林。②

勒莫瓦纳就宛如英勇的战士，她对一个传说发起正面进攻，丝毫不理会它在历史上对基督徒有过怎样的影响，也不理会今天的其他基督徒怎样看待它。在这个可怕的幻想背后，隐藏着一个深不见底的魔鬼信仰和一种充斥着巫术思维的文化。她一头闯进那个黑暗的时代。尽管她正直、勇敢，但无人相助，仅凭她一个人尚无法揭示事情的真相。

这个传说诞生于西方天主教世界。12—13世纪，基督教围绕三个紧密相连的迷信构建了反犹太教的理论基础：其一，犹太人把年轻的男性基督徒钉在十字架上，以重现并嘲弄基督受难的情形；其二，他们绑架并杀害基督徒男孩，以进行血祭的仪式；其三，他们竭力亵渎圣饼，以再次杀死

---

① 皮埃尔–安德烈·迈耶的私人档案。感谢他允许发表这些摘录。

② 贝尔坦·迪特谢姆曾担任梅斯犹太社区的行政官达28年，他在写给记者兰伯特的一封信中说："关于她（贝尔纳黛特·勒莫瓦纳）调查的那个事件，洛林特别是梅斯的犹太社区至今都还记得。"引自格扎维埃·兰伯特的私人档案。

基督，因为经过圣餐变体之后，圣饼已经变成了基督的身体。

这三个迷信构成了中世纪人们反犹太教的依据，尽管很多时候难以将它们作如此明确的区分。[①] 这些幻想可以同食人信仰相提并论，加文·朗缪尔指出，与其说它没有道理，不如说它是非理性的。他认为，这些幻想已经超越了反犹太教的范畴，它们建立了一种真正的反犹主义意识形态，后者是中世纪基督教的发明。[②] 在十字战争和坚振信仰的几个世纪，基督徒自觉或不自觉地把基督在复活节受难同逾越节（即"犹太复活节"）联系起来，后者是纪念犹太人走出埃及的节日，这时犹太人要制作无酵饼，那是希伯来人在穿越沙漠期间所吃的食物。[③]

牲人祭的迷信起源于这样一个荒谬的想法：没有基督徒的血，犹太人就做不成无酵饼。尽管有大量证据表明犹太人不吃带血的食物，并且只吃已经排干血液的肉，尽管这种深深植根于犹太信仰和习俗的古老传统令他们时刻保持警醒，然而，关于犹太人渴望得到小基督徒的血，因而绑架儿童并使用特殊容器收集他们的血的幻想，依旧成为无数布道、传说、戏剧的中心主题，也是装饰着无数教堂的顶级大师画作的中心主题。

---

[①]　参见Gavin Langmuir, *Toward a Definition of Antisemitism* (Berkeley:University of California Press, 1990).

[②]　Gavin Langmuir, *History, Religion and Antisemitism* (Berkeley: University of California Press, 1990), p. 266.朗缪尔称，他关于反犹主义的解释是基于雷蒙·布东（*L'Idéologie*, Fayard, 1986）更一般化的理论。朗缪尔认为："基督教关于生死和拿撒勒的耶稣的无限存在的非理性信仰，促成了对于犹太人的非理性偏见。"（p. 367）

[③]　Joshua Trachtenberg, *The Devil and the Jews* (New York:Harper Torchbooks, 1966); Jeremy Cohen, *The 3 Friars and the Jews* (Ithaca, NY:Cornell University Press, 1990), and Cohen, *The Evolution of Medieval Anti Judaism* (Ithaca, NY:Cornell University Press, 1982); Langmuir, *Toward a Definition*; Alan Dundee, ed., *The Blood Libel Legend* (Madison:University of Wisconsin Press, 1991); Robert Chazan, *Medieval Stereotype and Modem Antisemitism* (Berkeley:University of California Press, 1997).

*

鉴于不同文化和宗教在此期间有密切的接触，以色列·雅各·尤瓦等当代史学家提出了一个引起极大争议的论断，即牲人祭的指控是在十字军东征（1096年）以后才出现的，因而基本可以断定，它是十字战争的结果。这种观点认为，为了防止后代改宗，犹太人不惜牺牲掉自己的孩子。控告人被犹太人弑子的场景吓坏了，他们由此推测，既然犹太人能够通过这种暴行令自己的后代更快地获得救赎，他们也会毫不犹豫地对小基督徒做出同样或更恶劣的行为。最初的牲人祭传说就是这样诞生的，然后在不同的地方一再重复。① 从这个意义上说，"圣洁神的名"（Kiddush Ha-Shem）作为犹太人的精神支柱，它可能在不知不觉中造成了当时在基督教世界广为流传的牲人祭传说。②

*

根据传统的说法，这种迷信第一次出现，是在英国诺维奇一个叫威廉

---

① Israël Jacob Yuval, *Two Nations in Tour Womb:Perceptions of Jews and Christians* in *Late Antiquity and the Middle Ages* (Berkeley:University of California Press, 2006), pp. 160ff.这方面的经典文章仍然是H. H. Ben-Sasson, "Kiddush Ha-Shem", *Encyclopaedia Judaica*, vol. 10.达维德·比亚勒认为，犹太教和基督教有关血液的传统有一种全面的"共生关系"，并导致"极端的暴力"。在他看来，甚至割礼也与牲人祭指控联系在一起，恩丁根，特别是特伦特的案例就是如此。见*Blood and Belief:The Circulation of a Symbol Between Jews and Christians* (Berkeley:University of California Press, 2007), pp. 83 and 99.这些著作属于一个现代史学流派，这个流派重新发现了不同历史阶段的犹太人内部的暴力问题。例如参见Michael Stanislawski, *A Murder in Lemberg:Politics, Religion and Violence in Modem History* (Princeton:Princeton University Press, 2007).关于该著的评论，参见Pierre Birnbaum, "Tirez sur le rabbin!" *Critique*, October 2007.

② 近期有关该主题的争论的综述，参见Jeremy Cohen, *Sanctifying the Name of God:Jewish Martyrs and Jewish Memories of the First Crusade* (Philadelphia:University of Pennsylvania Press, 2004).

的小男孩死去当天，即1144年复活节前夜。人们在森林里发现了他遭到肢解的尸体。据称，他是在逾越节期间被谋杀的，地点是犹太人埃莱亚萨的家里。在同伙的帮助下，埃莱亚萨捅了小威廉很多刀，以便收集他的血，然后把他钉在十字架上。地方当局威胁要把冒犯基督徒的人烧死，但遭到指控的犹太人得到国王庇护，他们躲到一座王家城堡内，逃过一劫。[①]

在犹太人使用小基督徒进行牲人祭的众多指控当中，最知名的案例来自英国和法国的以下地区：林肯（1255年）、布洛瓦（1171年）、[②]布雷塞纳河畔（1191年）、勒皮（1320年）。[③]在西班牙，最著名的是1488年发生在拉瓜迪亚的案例。12—16世纪发生了很多这种指控，大多数都是在德语国家（共43宗，法国只有7宗，并且14世纪以后就没有了，因为犹太人已经被逐出法国和英国）。[④]正如伊莱尔·基埃瓦尔所说，法国是一个民族国家，所以这类指控不多，它们更多发生在政治地位不明朗的地区，特别是德语区和俄罗斯帝国。[⑤]

---

[①] John M. McCulloh, "Jewish Ritual Murder:William of Norwich, Thomas of Monmouth and the Early Dissemination of the Myth", *Speculum* 12 (1997), pp.698-740.亦参见 Jeffrey Jerome Cohen, "The Flow of Blood in Medieval Norwich", *Speculum* 79 (2004).

[②] 经典文章参见Robert Chazan, "The Blois Incident of 1171", *Proceedings of the American Academy for Jewish Research*, 1968,36.近期研究参见Susan Einbinder, "Pucellina of Blois:Romantic Myths and Narrative Conventions", *Jewish History*, spring 1998.

[③] 有关该案的研究，参见Moïse Schwab, "Le meurtre de l'enfant de choeur du Puy", *Repue des études juives* 33 (1896).

[④] Ronnie Po-chia Hsia, *The Myth of Ritual Murder:Jews and Magic in Reformation Germany* (New Haven:Yale University Press, 1988), p. 3.

[⑤] Hillel Kieval, "Middleman Minorities and Blood:Is There a Natural Economy of the Ritual Murder Accusation in Europe?" in Daniel Chirot and Anthony Reid, eds., *Essential Outsiders:Chinese and Jews in the Modem Transformation of Southeast Asia and Central Europe* (Seattle:University of Washington Press, 1997), p. 212.

\*

　　在莱茵兰，一个最知名的案例发生在1147年的维尔茨堡。[1] 1470年，在距离法国边境不远的恩丁根镇，有三个犹太人兄弟被指控在逾越节期间从事牲人祭。酷刑之下，他们供认了罪行，提供了许多耸人听闻的细节。他们告发其他犹太人，说他们也参加了祭仪。他们还描述了把小男孩的血导入玻璃容器的过程。每次遭受酷刑的时候，他们都会往故事里添加一些新的细节，希望能让法官满意，好结束他们的痛苦。吊刑是常用的一种手段：施刑人反绑住受害人的双手，然后用一根绳索绑在手腕处把他吊起来，同时在双脚挂上重物，并不断增加重量，直到他的胳膊折断为止。随后他被判定为巫师或魔鬼的信徒，在人群的欢呼声中被烧死，象征基督教战胜了作为邪恶化身的犹太人。

　　就这样，恩丁根市民战胜了向犹太人提供庇护的皇帝，也确认了他们相对于皇帝的自治权。审判"意义重大，它意味着基督教共同体对犹太人的胜利，因而也是对犹太人的高贵庇护者的胜利"。[2] 换言之，牲人祭指控是地方与中央权力持续对抗的一个表征，调动民众的迷信成了对抗的手段，因为这种迷信深深植根于民众的基督教信仰，民众则把牲人祭与基督受难和亵渎圣饼联系在一起。在1470年的雷根斯堡，也有多名犹太人被指控从事牲人祭和亵渎圣饼。酷刑之下，有六个人（包括一位拉比）编造了一些荒诞不经的故事，并把基督徒相信的事情编织到他们的"魔法"当中。牧师在布道时鼓动市民使用暴力报复犹太人，但皇帝腓特烈三世的干

---

　　① 约翰·麦卡洛等历史学家认为，该案广为人知甚至要早于诺维奇案。尽管后者发生较早，但直到1155年蒙茅斯的托马斯才追述该案，并且维尔茨堡悲剧也影响了他关于小威廉失踪一案的记述结构。

　　② Po-chia Hsia, *Myth of Ritual Murder*, p. 36.亦参见J. Kracauer, "L'Affaire des Juifs d' Endingen de 1470.Prétendu meurtre de chrétiens par des Juifs", *Revue des Etudes juives* 16 (1898).

预起到了决定性的作用，它成功地浇灭了市民们的复仇欲望。

*

五年后，1475年，特伦特也发生了类似的指控。这起事件牵涉极广，令它在其后的数百年间一直是人们记忆中最著名的牲人祭案件，直到20世纪都还被反复提及。在利维事件发生之前的两个世纪，一个名叫西门的小男孩失踪了。不知怎的，关于他在逾越节期间被犹太人谋杀以获得血液的说法传开了。流言说，小男孩的尸体在复活节星期日那天被找到，它出现在一个名叫塞缪尔的犹太显要的地下室里。流言还信誓旦旦地说，在一群犹太人面前，西门的尸体开始流血。

西门的死不可避免地与基督之死联系在一起，而在市政当局眼中，这就是犹太人须对这宗罪行负责的铁证。在信仰魔法的时代，犹太人被比作代表魔鬼行事的巫师，他们所谓的罪行则被比作吃人。当原告和被告的社会角色有交集，并且涉及经济上的依赖关系时，这种幻想就变得十分常见。这起事件里面有一个接生婆，她嫁给了一个名叫勒叙斯的男人。不久前，这个接生婆曾到一个名叫塞缪尔的犹太显要家里接生。由于工资纠纷，接生婆被解雇了，勒叙斯就指控塞缪尔从事牲人祭。

有六个犹太人立即被逮捕，并遭到严刑拷打，特别是吊刑。后来他们实在抵受不住，就凭空编造了一个"谋杀故事"，并根据法官的想象捏造谋杀的场面和细节。

"告诉我需要说什么。"一个被告恳求道，"我会照着说。"被告炮制了一系列恐怖的场景，一个比一个离奇，并称自己犯有最恶劣的罪行，好结束所遭受的折磨。这种策略也摧毁了被告之间原有的团结。面对惨绝人寰的痛楚，他们相互揭发，但所有人全都拼命保护他们当中的女性，而她们同样遭受了惨不忍睹的酷刑。极端的残酷，加上为数众多的犹太人遭到指控、折磨并处死，使特伦特案件留下了最深刻的历史记忆。

尽管报复气氛狂热，被告的一些基督徒邻居仍毫不犹豫地向他们提供援助。外部政治和宗教当局也施加干预并支持犹太人。比如，威尼斯总督就对这种迷信表示怀疑，教宗西斯科特四世也确信被告无罪。但这些干预没有任何结果，14名犹太人在长期受刑后被处死。如同1247年的英诺森四世一样，西斯科特四世未能阻止反犹暴力从一个城市蔓延到另一个城市。圣方济各会修士还通过充满煽动性的布道为它火上浇油。[1] 特伦特出现了名副其实的西门崇拜，并有许多绘画、雕塑和游行纪念这个无辜儿童之死。这种崇拜直到1967年才被废除，但它的痕迹至今还在。[2]

特伦特审判的影响持续了数个世纪：关于牲人祭、认罪和酷刑的故事催生了大量的出版物，它还作为犹太人罪责的一个典型实例被反犹作者反复提及，就像在19世纪的法国那样。[3] 特伦特案件还是另一个意义上的范例，即就处理发生在帝国边缘的事件而言，它确认了皇帝权力的边界所在。然而，后来的历代皇帝并未停止抗议这种极端的偏执，并体现在帝国的法律条文上。一个世纪后，1544年，查理五世也为犹太人提供庇护，并终结了针对几个犹太人提出的牲人祭指控。他还下令，未经他同意，今后不得再提出这类指控。其他皇帝也纷纷效仿，斐迪南二世、马克西米利安

---

[1] 1759年，在收到红衣主教甘加内利（即后来的教宗克莱门特十四世）的报告后，教宗克莱门特十三世谴责了类似的指控。Cecil Roth, ed., *The Ritual Murder Libel and the Jew:The Report by Cardinal Lorenzo Ganganelli* (London:Woburn Press, 1935).亦参见 Marina Caffiero, "Allé origini dell'antisemitismo politico.L'accusa di omicidio rituale nel sei-settecento tra autodifesa degli ebrei e pronunciamenti papali", in Catherine Brice and Giovanni Miccoli, eds., *Les racines chrétiennes de L'antisémitisme politique (fin XIXe-XXe siècle)* (Rome:Ecole française de Rome, 2003), pp. 52ff.

[2] 我在这里采用了罗尼·宝嘉夏的精彩论述，参见Ronnie Po-chia Hsia, *Trent 1475:Stories of a Ritual Murder Trial* (New Haven:Yale University Press, 1992).

[3] 参见第八章。

二世和鲁道夫二世分别在1562年、1566年和1577年颁布了同样的命令。皇帝的干预使得神圣罗马帝国的牲人祭指控在16世纪迅速减少。

尽管到了17世纪，牲人祭仍然是歌谣和传说的常见主题，仍然是人们的谈资，滋生了许多谣言，并助长了反犹主义，但在16世纪之后，德语国家再也没有犹太人因为这种指控被处死。[①] 然而，拉斐尔·利维这个异乎寻常的案件表明，牲人祭指控的重心转移到了法国——尽管时间十分短暂。

＊

利维事件还同另外一个迷信有关，它同样涉及牲人祭，但存在诸多方面的差异：几乎同一时期，犹太人还被指控亵渎圣饼。据说犹太人使用刀、匕首或长矛袭击圣饼，而他们弄到圣饼的办法通常是贿赂某个基督教的妇女，包括答应给她现金或取消债务。圣饼由此变成一种货币。由于这个传说，犹太人后来变成了贪婪的资本家，专门玩弄可怜而无辜的基督徒的灵魂。犹太人一旦拿到圣饼，就会疯狂地反复地侮辱它，殴打它，还拿刀乱砍。然后奇迹出现了。根据传说，血从圣饼里流了出来，令犹太人惊恐万分。他们经常央求改宗，因为他们已经信服圣餐变体论和圣餐礼的神迹是真的。这些亵渎行为一般发生在复活节期间。迷信的源头当然是"最后的晚餐"的故事。《马太福音》上说："他们吃的时候，耶稣拿起饼来，祝福，就擘开，递给门徒说：'你们拿着吃。这是我的身体。'"根据基督教的说法，耶稣的血由此取代了摩西用来给他的子民行涂油礼的"立约的血"。《哥林多前书》第11章的保罗书信写道："'这杯是用我的血所立的新约。你们每逢喝的时候，要如此行，为的是记念我。'你们

---

① Po-chia Hsia, *The Myth of Ritual Murder*, pp. 81-83, 162, 197, 203.

每逢吃这饼，喝这杯，是表明主的死，直等到他来。所以，无论何人不按理吃主的饼、喝主的杯，就是干犯主的身、主的血了。"①

许多传说指责犹太人"卑鄙地"对待圣饼，因为祝过圣的圣饼已经变成了耶稣基督的身体。传说犹太人通过各式各样的金钱伎俩获得基督的身体，然后再次把他钉到十字架上。对于犹太人，只有最残酷的惩罚才会奏效。在13世纪的莱茵兰、西班牙、巴黎等地方，犹太人也遇到了这第二种指控。由于牲人祭的指控，加上托马斯·阿奎那的影响，人们还相信，犹太人明知耶稣的身份，却故意把他钉在十字架上。较早时候的圣奥古斯丁认为，犹太人并不知道耶稣就是弥赛亚，但阿奎那和巴黎的其他神学家（包括方济各会和多明我会修士）都坚称犹太人是故意为之。因此，当他们攻击祝过圣的圣饼时，他们是坚持犯罪，不知悔改，因为"基督的身体是双重的象征：既有精神层面的东西，又是十字架上的基督"②。在这方面，亵渎圣饼的指控和更久远的牲人祭指控是一致的。③"内部的敌人"

---

① 关于犹太教和基督教仪式中的血液问题，参见Jean-Paul Roux, *Le sang.Mythes, symboles et réalités* (Paris:Fayard, 1988), chap.9.有关中世纪圣餐礼的研究，参见Miri Rubin, *Corpus Christi:The Eucharist in Late Medieval Culture* (Cambridge:Cambridge University Press, 1991); and Caroline Walker Bynum, *Wonderful Blood:Theology and Practice in Late Medieval Northern Germany and Beyond* (Philadelphia:University of Pennsylvania Press, 2007), chaps.4-8. 关于这个主题的一般讨论，参见*Le sang au Moyen Âge, Les Cahiers du C.R.I.S.I.M.A.*, no. 4, 1999.

② Jean-Louis Schefer, *L'hostie profanée.Histoire d'une fiction théologique* (Paris:POL, 2007), p 386.亦参见Jeremy Cohen, *Christ Killers* (Oxford:Oxford University Press, 2007). 包括乔瓦尼·贝利尼在内，许多画家都曾经表现过以下两者之间的联系：基督的身体，以及圣餐礼和天使用来把基督的血收集到弥撒容器中的杯子。参见James Clifton, "A Fountain Filled with Blood:Representations of Christ's Blood from the Middle Ages to the Eighteenth Century", in James Bradburne, ed., *Blood:Art, Power, Politics and Pathology* (New York:Prestel, 2002), p. 72.请注意，在有关牲人祭的叙事中，犹太人总是使用杯子来收集象征基督的殉难儿童的血。有关犹太人亵渎圣饼和基督身体的绘画，亦参见Miri Rubin, "Sacrifice and Redemption in Christian Iconography", in Bradburne, ed., *Blood*, pp. 93ff.

③ Robert Stacey, "From Ritual Crucifixion to Host Desecration:Jews and the Body of Christ", *Jewish History,*spring 1998.

就生活在基督教社会的边缘，[①] 犹太人也由此被描绘成名副其实的嗜血的妖魔。[②]

*

　　根据传说，亵渎圣饼也发生在复活节前后，通过保罗·乌切洛创作于1467—1469年的祭坛装饰画，它的象征仪式被固定了下来。乌切洛的创作灵感来自1290年的"比耶特奇迹"，它是当时众多的"基督教故事"之一[③]，发生在今天巴黎的档案馆路（rue des Archives）。乌切洛的祭坛画今天仍可在乌尔比诺公爵府看到，它描绘了象征性地谋杀圣饼的场景："小基督徒被基督的圣体所取代；圣饼被击打、滚煮，基督的身体转变成圣餐礼儿童，从而再次达到显圣的效果。"[④] 乌切洛通过六联组画讲述的故事，以令人信服的方式呈现了亵渎圣饼的场面。第一联绘画中，一个身着佛罗伦萨礼服的商人站在柜台后面，一个妇女拿出一张圆形的圣饼给他看。壁炉顶罩上的徽章表明这个商人是犹太人。第二联绘画中，两个孩子站在一对穿着红色衣服的男女中间，其中一个孩子正在哭闹。红色的液体从架在火上的锅里流出，屋外有士兵准备破门而入。剩下的画面描绘了犹太商人的阴谋被挫败，圣饼得救，以及红衣男子、他的妻子和两个孩子被

---

　　① 一份最近的文献提出借助后殖民时代的模式来考察中世纪的历史，并把犹太人看作"西方世界内部的东方元素"（Oriental de l'intérieur）。参见Jeffrey Jerome Cohen, ed., *Postcolonial Middle Ages*(London:Macmillan, 2000).

　　② Bettina Bildhauer, "Blood, Jews and Monsters in Medieval Culture", in Bettina Bildhauer and Robert Mills, eds., *The Monstrous Middle Ages*(Toronto:University of Toronto Press, 2003).该文后来拓展成一部专著[*Medieval Blood*, （Cardiff:University of Wales Press, 2006）]。

　　③ Miri Rubin, "Desecration of the Host:The Birth of an Accusation", in Diana Wood, ed., *Christianity and Judaism, Studies in Church History* (Oxford, 1992) and especially *Gentiles' Tales:The Narrative Assault on Late Medieval Jews*(New Haven:Yale University Press, 1998).

　　④ Schefer, *L'hostie proclamée.Histoire d'une fiction théologique*, p. 38.

绑在火刑柱上烧死的过程。其中一联表现的是一位天使出面干预，阻止人们把试图出售圣饼的妇女绞死。①

"比耶特奇迹"及其戏剧性的结局在13至16世纪的欧洲广为流传，②每一次传播人们都会添油加醋地详细描绘犹太人有多残忍，而犹太人也总是拿现金或其他物品去换圣饼。无数绘画和戏剧把这个亵渎故事换成了牲人祭。这里有必要详细引述杰罗姆·塞吉耶于1604年（即发生拉斐尔·利维事件的65年前）出版的故事版本。

> 　　这个残忍而野蛮的犹太人，他在取得圣饼之后，被顽固的黑暗信仰蒙蔽了双眼，拒绝承认这片面包里面有救主的真实血肉……他开始自言自语："现在我将要证实，捅它一下我就会知道，这些疯狂的基督徒的说法有没有一丁点真实的地方。"说着，他拿起一把匕首或小刀……好几次刺破放在一个箱子上面的圣饼，亦即活生生的耶稣基督的圣体。马上，他看到大量珍贵的血从圣饼里面流出来……他再次抓起那张圣饼，用锤子把一枚钉子敲进去，又有大量的血从圣饼里面流出来……他的心坚硬如法老，再次用污秽的双手把圣饼抓起来，扔到一个大火盆里面。但圣饼立刻跳了出来，并四处跳跃，令异教徒十分震惊。这个邪恶的犹太人又拿起一把大菜刀，想把它砍成碎片，以满足他的虐待欲望。这个恶棍想尽办法，但全都徒劳无功，因为耶稣基督的圣体仍完好无损。为了再现主基督第一次受难时所遭受的痛苦和折磨，这个残忍的犹太人把圣饼钉到一个污秽的散发着恶臭的地方，用尽全力把一根长矛投掷到它上面，伤口再次流出大量的血。这个撒

---

① Ibid.米里·鲁宾（*Gentiles' Tales*, pp. 148 ff.）和贝蒂娜·比尔德豪尔（"Blood, Jews and Monsters in Medieval Culture", pp. 46 ff.）都在各自的研究中描述了乌切洛的这件作品。

② 卡罗琳·沃克·拜纳姆介绍了德国犹太人遭遇的许多亵渎圣饼的指控，这些指控全都遵循相同的模式。见*Wonderful Blood*, pp. 58-59, 68-72, 241-243.

旦的走狗和仆人对其残忍的虐待行为仍不满意，他又把圣饼投到一只沸腾的大锅里面，这是他可耻的最后一招。开水立刻变成血红色，圣饼凭借自身的神圣力量，当着异教徒的面变成了十字架的形状，从沸腾的液体中升起来。[①]

故事的结局很容易猜到：犹太人仍不知悔改，但他的妻子和孩子都变成了基督徒。被判处火刑时，他仍乞求《塔木德》的保护。人们把《塔木德》拿过来，"把它绑好，缚在罪犯身上，一起放到车上。当架在火刑柱周围的柴火燃烧起来的时候，这个顽固的拒绝改宗的犹太人和他的书一起，轻而易举地被火焰吞没了"。这种关于残忍的犹太人的描述令人不寒而栗。这个故事在17世纪初流传很广，因此很容易想象它在那个激进反改革的时代会产生怎样的影响。

*

然而，要充分解释这些故事的含义，还需要另外一个奇迹：圣饼中的基督身体复活成一个婴儿，象征纯洁无瑕。这个奇迹发生在1477年巴伐利亚的帕绍，它是一个圣饼被盗的著名案例。传说是这样的。

圣米歇尔节前的星期五，人们打开修道院的大门，好庆祝圣母节。但有人闯入礼拜堂，一个名叫克里斯托夫·格里斯哈默的人偷了四块圣饼，用他罪恶的双手触摸它们，把它们包裹在一块手帕里面，从星期五到星期日上午一直带在身上。然后他把圣饼卖给卑鄙无耻的犹太人，换取莱茵河弗罗林金币。他用一个圣饼换到三十芬尼，令

---

[①] 引自Schefer, *L'hostie profanée*, pp. 43-44. 玛丽-克里斯蒂娜·普谢尔注意到中世纪的一个传说，它说，在凶手面前，被谋杀者的伤口会流血。"Le sang et ses pouvoirs au Moyen Âge", in Arlette Farge, ed., *Affaires de sang*(Paris:Editions Imago, 1988), p. 27.

神圣的基督教会蒙受莫大的耻辱。犹太人和他们的神拿到了圣饼。他们将信将疑地用罪恶的双手捧着基督的圣体，把它带到一个犹太教会堂。他们因为贪婪而兴奋不已。他们触摸受难的圣体，以避免被基督教信仰所伤害。一个犹太人拿了一把锋利的刀，在犹太教会堂的祭坛上刺穿基督的身体，血流了出来。一个婴儿的面孔出现了，令犹太人惊恐万分。[1]

偷圣饼的人和犹太人在1477年四旬斋之前被捕，他们全部在复活节后被处决。在那几个世纪，基督徒的文化观念一直深信"经过变体的圣饼就是基督本人，被牺牲并流血的婴儿是他的受难人格之一"[2]。

*

1513年，25个演员在梅斯上演了一出多幕"圣饼神秘剧"。这出神秘剧极端仇视犹太人，它在梅斯人的记忆中留下了深刻的印记，并进一步助长了当地把弑婴案主要归罪于德裔人士的悠久传统。这个故事是如此流行，以致后来出版的无数梅斯方志都有提及，单在16世纪就有好几个版本。[3]

犹太人：现在我们将证明，基督徒信仰并借其名义蔑视我们的这个上帝，是否有任何德性、力量或权力。到这个箱子旁边来，看看那些基督徒有多愚蠢，他们相信这片面包里面有生命和血，相信它就是上帝本身……现在我将用这把匕首一试真假。

---

①　"Le sang et ses pouvoirs au Moyen Âge", in Arlette Farge, ed., *Affaires de sang*(Paris:Editions Imago, 1988), pp. 271-273.

②　Rubin, *Corpus Christi,* p. 137.

③　Jody Enders, "Theater Makes History:Ritual Murder by Proxy in the Mistere de la sainte Hostie", *Speculum*, 79 (2004), pp. 992ff.作者注意到，有一个新版本于1817年在艾克斯出版。

犹太人妻：哦！哦！它流血了！……真是亵渎！哦！以穆罕默德之名！它是活的。

女儿，跪在地上：哦！好爸爸，我求求你，不要攻击它。

儿子，泪流满面：啊！它流血了！啊！啊！父亲，看在上帝的份上，住手！哦！它是如此美丽，如此温和。把它给我，我要保留着。

犹太人：我要到后面去把砍肉的大刀拿来。我要把它砍成一千块。一、二、三、四、五。全能的上帝！每次砍它之后，它似乎又自行复原了。它仍旧完好无损，就跟之前一样。但你将会更痛苦，如果可能的话。……我要杀了它。［……他拿起圣饼，把它钉到一根柱子上。血一直流到地上。］……我要把它放进壁炉里焚烧。他把圣饼扔到火上……他拿起长矛，刺穿火盆上的圣饼。……然后他拿了一把菜刀，把它砍成碎片，掉得满屋都是……

儿子，泪流满面：哦！好爸爸，请住手。你想杀死这个美丽的孩子吗？你看，它在流血。我从未见过如此悲哀的场面。……壁炉旁的大锅里升起一个十字架。哦，十字架，神圣而纯洁，我请求您原谅。我要离开这个地方，您所深恶痛绝的这个地方。愿生了我的那个男人和把您带到这里遭受不幸的那个女人一同被诅咒。[1]

这个名叫雅各·慕斯的犹太人同样向《塔木德》寻求保护，然后，正如教长所说，"这个巫师和他的书一起被烧死了"[2]。在16世纪的梅斯，这些戏剧演出也是构建历史记忆的因素，但演出作了十分特殊的改编——这个犹太人被比作巫师，从而跟同样无情地被绑在洛林的

---

[1] 引自Schefer, *L'hostie profanée*, pp 93-94. 乔迪·恩德斯还原了原来的版本："Cy prent L'hostie et la cloue d'un clou en une coulonne; et le sang en coule à terre"（他抓起圣饼，把它钉到一根柱子上，血从圣饼里面流出来，一直流到地上），p. 1007.

[2] Schefer, *L'hostie profanée*, pp. 92ff.

火刑柱上烧死的众多女巫联系在一起。更重要的是，圣饼明确地转化成了"一个婴儿"。在同时代关于这些事件的一则编年史记载中，菲利普·德·维盖于莱写道："就好像它是一个正在撒尿的孩子。"①从这个意义上说，在把牲人祭与亵渎圣饼联系起来这个常见的做法方面，我们有了另一个罕见的例子。在基督徒的想象当中，发生在梅斯的这个亵渎圣饼的案例是牲人祭的替代手段，犹太人可以借此获得他们需要的血，再用它来制作逾越节无酵饼，以纪念他们通过走出埃及实现的自我救赎。因此，亵渎圣饼与牲人祭的指控如出一辙，因为"圣餐变体的逻辑意味着犹太人并不需要一个有血有肉的基督徒，而只需要戳刺圣饼或把它浸泡在沸水中"②。事实上，犹太人从圣饼得到血，理论上也证明了圣体的真实性，而这种真实性原本也为部分基督徒所怀疑。因此，指控还有另外一个好处：它减轻了基督徒自身的怀疑。③

无论如何，正是在梅斯，正是因为这出神秘剧，亵渎圣饼与基督复活借助这个纯真婴儿的形象合而为一，才使得两种指控被联系在一起。纯真婴儿的形象反过来凸显了犹太人的残忍，同时证明了圣餐变体论的真实性。然而，耶稣基督以婴儿的形象复活，这不只发生在梅斯，它也出现在1725年的"阿贝耶奇迹"当中——朗杰城堡的一幅挂毯就表现了这个场景。1370年布鲁塞尔的奇迹故事直到1720年才最终定型，同样，这些故事在16世纪和17世纪不断被人讲述，到18世纪都还在添枝加叶。④ 17世纪的公众显然十分熟悉这些著名的亵渎圣饼的故事，所以在审判拉斐尔·利维

---

① Enders, "Theater Makes History", p. 1009.

② Yuval, *Two Nations in Tour Womb*, p. 208.

③ 正如达维德·比亚勒所说："犹太人亵渎圣饼并使它流血，还抽取小基督徒的血用于他们的祭仪，他们实际上是在'实践'基督教对圣餐变体和血液的精神价值的信仰。" *Blood and Belief*, p. 112.

④ Schefer, *L'hostie profanée*, pp. 174, 240ff.

的牲人祭案件时，这些传说自然会在梅斯的法庭辩论中被反复提起。我们即将看到，一方面，它们在利维事件的最后被忽略了；但另一方面，它们又是利维事件的关键要素，而它们的涵义也因此得到根本改观。[①]

① 我要感谢帕斯卡尔·福斯蒂尼誊写审判档案，他还执着并热情地帮助收集一些地方文献。我还要感谢皮埃尔-安德烈·迈耶、伊莱尔·基埃瓦尔、罗尼·宝嘉夏和米里·鲁宾的宝贵意见。本书出版前，让·鲍姆加滕和莫里斯·克里格尔仔细阅读了书稿。我还要感谢德尼·马拉瓦尔、让娜-玛丽·埃蒙以及法亚尔出版社（Éditions Fayard）的匿名读者，他们在编写书稿期间提供了宝贵的帮助。

# 第一章　王家秩序、女巫和犹太人

以拉斐尔·利维事件终结的17世纪60年代，是法国社会发生关键转折的时期：国内恢复和平，路易十四取得胜利，法国则在其治下向绝对主义国家迈进。[1] 国王尽管仍然面临许多反对力量，仍然需要依靠强大的贵族势力，在面对不同的拥护者和最高法院时仍然表现得小心翼翼，换言之，尽管妥协仍然是家常便饭，但事态的发展证明，这是一个"伟大的休养生息的时代"[2]，是向"古典时代"过渡的时期，而后者即将成为启蒙时代的前奏。在那个辉煌的年代，百合花王国[3]动用了全部的艺术、文化、节庆和各种其他手段，以赞颂国王煊赫的文治武功。巴黎、凡尔赛、枫丹白露都在转型。知识、文明、科学取得全面发展。罗浮宫和杜伊勒里宫进行了翻新，紧接着是作为宫廷驻地的圣日耳曼城堡。1669年，勒布伦为国王

---

① Olivier Chaline，*Le règne de Louis XIV* (Paris:Flammarion, 2005), p. 311ff.
② Jean-Christian Petitfils, *Louis XIV*,Perrin, 1995, p. 707.
③ 百合花是当时法国王室的象征。——译者注

的私人寓所创作了一件献给阿波罗的巴洛克杰作。[①]

在见证了这十年的具有象征意义的伟大工程当中，首屈一指的当然是凡尔赛宫的辉煌建设。随着大运河开始施工（1667年），花园整治工程如火如荼地展开。勒诺特建造了中央景观，花坛进行了改造，迷宫已经建成（1666年），到处都竖起了阿波罗的雕像。特里亚农宫也开始动工修建。众臣聚集在国王身边，路易十四的光芒令其他君主全都黯然失色。为彰显国王的荣耀，人们制定了严格的礼仪规范，所有人都必须遵守新的规则。节庆接连举行，一个比一个奢华，特别是在1668年。

国王也亲自参加这些庆典演出。一直到1670年，他都十分乐意公开炫耀自己的舞蹈天赋。这年2月4日，他饰演了巨蟒皮同的征服者阿波罗。但在14日，即拉斐尔·利维被处死前夕，他让别人代他出演——他决定不再跳舞了。[②] 不久之后的狂欢节期间，人们在阿波罗剧院为国王和王后安排了一场异常华丽的演出："中间表演了一出优雅的乡村喜剧，主题是牧羊人和牧羊女的爱情。众臣摆脱政务进行娱乐。国王既没有睡着，也没有萎

---

① 我在这里采用了沙利纳（Le règne de Louis XIV, chap. 5）和乔尔·科尔内特（Chronique du règne de Louis XIV, SEDES, 1997）的说法。对于这个时期，卡西米尔·加亚尔丹（Histoire du règne de Louis XIV, Paris, 1874）提供的材料最丰富，特别是加亚尔丹在第三卷分析了这一时期的文化和科学活动。路易十四时代的历史研究成果汗牛充栋，这使得几乎所有人都对犹太人的问题保持沉默的现象更加引人注目。诚然，数量极少的犹太少数族群只扮演了有限的角色，但历史学家几乎完全忽略了它的存在。例如，参见Pierre Goubert, Louis XIV et vingt millions de Français (Paris, 1966); Pierre Gaxotte, Le siècle de Louis XIV. (Paris:Hachette, 1968); Philippe Erlanger, Louis XIV (Paris:Fayard, 1966); Anthony Levi, Louis XIV (New York:Carroll and Graf, 1994); Jean-Christophe Petitfils, Louis XIV (Paris:Perrin, 1995); Ian Dunlop, Louis XIV (London:Chatto and Windus, 1996).同样，无论是弗朗索瓦·布吕什（Le Grand Règne, Paris: Fayard, 2006）还是沙利纳（Le règne de Louis XIV），在他们关于路易十四的鸿篇巨著中都没有一个字涉及犹太人。在所有的历史学家当中，似乎只有罗兰·穆尼埃有一章专门写到路易十四时代犹太人的生活，资料十分详尽，并且有四行写到了拉斐尔·列维事件，参见Les institutions de la France sous la monarchie absolue (Paris:PUF, 1990), p. 324.

② 伏尔泰描述了国王在这个时期推出的建设项目，以及宫廷的各种娱乐和装饰。他还呼吁关注1670年，国王正是在这一年决定"不再当众跳舞"。参见Le siècle de Louis XIV, in Œuvres complètes de Voltaire (Paris, 1819), Vol. 2, p. 112.

靡不振。但他很快就回到严肃的政务当中。"[1]

在国王的带领下，贵族们也丝毫不隐藏他们荒淫放荡的作风。1667年，路易十四在阿韦讷结识了新的情妇蒙特斯潘夫人，后者在1670年初给他生了一个孩子，即未来的缅因公爵。与此同时，他正式的情妇路易丝·德·拉瓦利埃在百无聊赖中苦苦等待另一个孩子的降生——1670年10月，待国王从阿韦讷返回之后，她诞下了未来的韦尔芒杜瓦伯爵。一年后，国王到访佛兰德斯，公开陪同他的是王后和两位情妇，她们被称作"三个王后"。[2] 就在不幸的拉斐尔·利维的命运被决定的关键时刻，国王正斯混于王后和情妇的床帏之间，如鱼得水。除了前述几位之外，国王在1683年与之秘密结婚的曼特农夫人也是在1669年进宫的。

\*

享乐与文化似乎相得益彰。这十年中，所有文化领域均取得了丰硕的成果。仅在1669年就出版了拉封丹的《赛姬与丘比特之爱》、马德琳娜·德·斯屈代里的《漫步凡尔赛宫》和帕斯卡尔的《随想录》，拉辛的《布里塔尼古斯》开始演出，莫里哀的《伪君子》也再次上演。1670年上演了拉辛的《贝蕾妮丝》、高乃依的《提图斯与贝蕾妮丝》、拉法耶特夫人的《扎伊德》，布瓦洛则发表了他的第一部《尺牍诗》。正当巴黎第一座歌剧院筹备开张的时候，数十名数学家、物理学家和化学家也聚集巴黎，筹备创立法国科学院，其宗旨是"认真研究一切数学和物理学书籍，并进行与之有关的一切实验"。因此，科学和艺术都在这个时期蓬勃发展。1665年，《学者报》（*Journal des savants*）开始刊登最前沿的科学论

---

[1] Monsieur de Larrey, *Histoire de France sous le règne de Louis XIV*(Rotterdam, 1721), vol. 4, pp. 58-59.

[2] Gaillardin, *Histoire de Louis XIV*, Vol. 3, pp. 573ff.

争文章。1667年，作为科研中心的巴黎天文台正式成立。科学的时代——也就是实验、有条理的怀疑、具有批判精神和理性的时代——开始了。

然而，这个艺术和科学繁荣的十年也是好战的十年，是天主教严厉攻击新教并拒绝妥协的十年，《南特赦令》的成果正在被一步步蚕食。1661至1665年间，政府多次颁令禁止新教徒在街道上唱赞美诗，并禁止他们在白天举行葬礼游行，同时却允许天主教神父为胡格诺教徒做临终祷告。人们想尽一切办法排挤新教徒，他们的礼拜场所也被夷为平地。另一方面，天主教却在蓬勃发展：修道院的数量在增加，许多新的神学院正式成立（1661年至1682年间新建了56所），新的教理问答手册也出版了。官方报道显示，几乎所有人都在参加弥撒和领复活节圣餐。此外，新的圣母教堂也在不断涌现。[1] 天主教反改革的胜利，恰好与科学、公共节庆和狂热追求各种娱乐的风潮同时发生。

\*

因此，路易十四时代充满了各种矛盾，但这并不妨碍绝对主义国家的构建——它试图通过强化统治的合理性来实现对人民和领土的控制。在这个意义上，"朕即国家"[2]，因为国王就是一切行政体制的根源。他抨击执掌司法的最高法院，因为后者试图限制他的权力。"先生们，"他在1655年表示，"每个人都知道最高法院所造成的不公。朕要求他们结束对朕所发布的赦令的全部听证，朕希望这些赦令能够付诸执行。"[3] 国王还

---

[1]　Michel Nassiet, *La France au XVIIe siècle* (Paris:Belin, 2006), pp. 82ff.

[2]　Bernard Vonglis, *"L'Etat c'était bien lui."Essai sur la monarchie absolue* (Paris:Editions Cujas, 1997).

[3]　引自ibid., p.21. 亦参见John Hurt, *Louis XIV and the Parlements:The Assertion of Royal Authority*(Manchester:Manchester University Press, 2002).

强制推行他亲自做了诸多改革的司法体系，并在1665年8月保证"正义将得到伸张，而朕将通过司法统治这个国家"。国王加强了总督的权力，因为他们是他在各省的代表。总督的地位虽然仍然不稳，但他们的作用是确保控制一般行政权并排挤最高法院，后者的成员当时仍然掌握着他们所在城市的权力。①

国王还依赖派驻地方的王室高官，这些人的地位在总督之上。他下令对警察系统进行重大改革，并提出了许多改革司法系统的方案。1667年4月，《路易法典》确立了统一的民事程序，限制了法院的自主权，并减轻了若干惩罚措施，特别在扣押农民财产方面。1670年的刑事条例规定了上诉程序，它限制了地方法院的特权，保护囚犯不被看守虐待，确立了询问犯罪嫌疑人和组织审讯的规则，规定了预审法官在搜集合法的犯罪证据方面的角色，否定一切"内心确信（l'intime conviction）"的证据法则，并限制使用酷刑——只是限制而非取消，尽管人们抱有此种期望。所有这些都体现了国家干预的理念。死刑仍然普遍，17世纪总共核准了大约600宗死刑判决。②

路易十四时代也是死亡率急剧上升的时代。同样是在17世纪60年代，巴黎盆地和西南部的阿基坦地区遭受重创。1663年至1670年，农业歉收、饥荒、瘟疫和其他流行病首先袭击了圣马洛，然后是土伦，最后是法国北部。许多人死于冬季的严寒，盗贼出没于乡间，兵匪也四处劫掠。恐惧和暴力无处不在。国王为了权力和荣耀，不断发动战争。他尽管有辉煌的胜利，但也遭受失败，成千上万的人受到牵连，领土被占领，需要支付赎

---

① 　Annette Smedley-Weill, *Les intendants de Louis XIV*(Paris:Fayard, 1995), p. 227.亦参见Pierre Goubert, *Le siècle de Louis XIV* (Paris:Editions de Fallois, 1996), chap.5.

② 　André Laingui, "Justice pénale, police et répression au Grand Siècle", in Henri Méchoulan and Joël Cornette, eds., *L'Etat classique* (Paris:Vrin, 1996), pp. 226-233.亦参见Arlette Lebigre, *La justice du roi* (Paris:Albin Michel, 1988).

金，士兵则驻扎在居民家中。

这些战争直接影响了梅斯这座后来被沃邦称作"拱卫法兰西"的东部城市，以及处在哈布斯堡帝国和法兰西王国夹缝中的洛林。洛林地处边境，却是法国王室进攻斯特拉斯堡和哈布斯堡帝国的战略重心。很长时间以来，它一直是一个支离破碎的地区。所有人都对这个中间地带垂涎三尺，想入非非。这是一个地位尚不确定的特殊区域，它不断地被人占领，又间或取得脆弱的独立，使其灾难深重的居民长期处在朝不保夕的状态之中。洛林的领地包括默兹河以东的洛林公国——它处在神圣罗马帝国的保护之下，以及西部的巴尔公国——其公爵效忠法国国王。因此这是一个充满矛盾的地区，两个觊觎的敌对势力都试图吞并它，洛林公爵则小心翼翼地游离于两者之间，以保持其独立地位。

此外，从1552年开始，法国王室就逐步控制了这片争议地区的多个地方，包括著名的三大主教辖区，即凡尔登、图尔和梅斯——后者基本上是一个城市共和国，它享有"帝国城市"的独立地位，因此无须正式向国王臣服。公爵尽管仍然保持他的独立策略，却更偏向于皇帝。路易十三曾经夺取巴尔公国，围攻南希，控制洛林公国，并曾于1633年在梅斯设立最高法院。这是一个暴力肆虐的时期。例如在1635年，驻扎在梅斯城外的帝国军队就随意使用武力。根据当时一位见证人的描述，克罗地亚士兵尤其残暴："他们屠杀所遇到的每一个男人、女人和小孩，割掉他们的舌头，砍断他们的胳膊和生殖器。剩下的人被吊在壁炉上烤，或是先让他们喝三四桶牛尿，然后跳起来猛踩他们的肚子，令他们肚皮爆裂而死。匈奴王阿提拉也没有克罗地亚暴君这般残忍。"[1]

法国的占领并没有法律依据，因为尽管1648年的《威斯特伐利亚条约》确认三大主教辖区属于法国国王，但洛林公国不在其中。1652年至

---

[1] 引自René Bour, *Histoire de Metz* (Metz:Editions Serpenoise, 1979), p. 137.

1653年，洛林支持孔代亲王的军队与支持红衣主教马扎然的军队爆发内战。同往常一样，雇佣军和掠夺者蹂躏乡间，劫掠牲畜和粮食。村庄被洗劫一空，房屋被夷为平地，人口急剧减少。1659年11月，法国与西班牙签署《比利牛斯条约》，洛林公国被让给了查理四世，默兹河和摩泽尔河以北地区（包括蒂永维尔）则归法国统治。1661年，经过进一步谈判，法西两国签订了《万塞讷条约》，规定洛林和巴尔公国归查理四世所有，法国则获得另外一片土地。法国借助这个条约把香槟和阿尔萨斯重新连接起来，标志着法国控制该地区的主张获得了进展。1661年4月14日，在占领洛林28年之后，法国军队撤出洛林公国。他们直到1670年才返回，这时拉斐尔·利维的惨剧已经发生。因此，从某种程度上说，利维的悲剧命运是两个敌对势力之间相互冲突的法律所造成的。

1670年8月，法国军队兵不血刃就占领了洛林，而国王之所以占领该地区，是要为荷兰战争做准备（洛林将于1683年9月最终并入法国[①]）。1669年至1670年，由于军队频繁进驻，梅斯再次深陷暴力冲突的漩涡，它成为西班牙、德国、英国、法国和洛林公爵的军队的角力场。暴力和不安是家常便饭，"人民穷困的悲惨证据"随处可见。[②]

*

即将展开拉斐尔·利维案审判的梅斯市处在一系列毁灭性冲突的中心。这座城市曾被"王室大臣"蹂躏，他们挖空心思地蚕食当地的自由和

---

① G. Cabourdin, *La Lorraine du néant aux Lumières* (Wettolsheim:Edition Mars et Mercure, 1977), pp. 9-28; and *Histoire de la Lorraine: les temps modems* (Nancy:Presses Universitaires de Nancy, 1991).有关这些冲突，参见Jonathan Spangler, "A Lesson in Diplomacy for Louis XI:The Treaty of Montmartre, 1662, and the Princes of the House of Lorraine", *French History* 17(3), 2003.

② 详见Justin Worms, *Histoire de la ville de Metz* (Paris, 1863), pp. 218-222.

这个"城市共和国"的独立性。作为位于外国领土中间的法国飞地，梅斯对路易十四的战略至关重要。"王室大臣"与地方显贵之间的持续对抗决定了城市的命运。事实证明，最高法院是"一个温顺而忠实的仆人"。[①]在"伟大的科尔贝"（great Colbert）的兄弟科尔贝·德·克鲁瓦西（国王任命他管理重要的梅斯财政区）的领导下，王权力求加强其在该城市的地位，以帮助缓解战争造成的财政紧张，并最终把梅斯并入王国版图。梅斯是控制该地区和追求其他军事目标的关键，因而被波旁王朝紧盯不放。王室计划加快梅斯的"法国化"进程。"王室大臣"与市政当局每天钩心斗角，前者包括了派驻地方的王室高官、总督、行政官、总司库、收税人、最高法院法官等等，他们来自勃艮第、诺曼底、多菲内和巴黎；后者则包括由市民选举产生的大法官（maîtres échevins）的顾问和十三人议会，其中，除了警察权之外，十三人议会的权力已被剥夺殆尽，而且它还受命执行法国的法律。然而，在争夺影响力的斗争中，市政当局仍设法保留了他们相对于总督的特权，例如，总督同意保留大法官的职位。[②]由于当地官员的职位可以世袭，这就形成了一个同仇敌忾的显贵集团，它能够极大地限制"王室大臣"的权力，由此逐渐"形成了一股力量，它天生地敌视'王室大臣'造成的直接影响"[③]。在梅斯的这些地方显贵当中，有许多是天主教反改革的坚定追随者，这些人在当地根深蒂固，他们对王权的抵抗将对拉斐尔·利维的命运产生重要的影响。

---

① Bour, *Histoire de Metz*, p. 148.

② 有一项研究专门探讨了总督在邻近的阿尔萨斯扮演的角色，参见Georges Livet, *L'intendance d'Alsace sous Louis XIV*, 1648—1715 (Paris:Les Belles Lettres, 1956).

③ François-Yves Le Moigne and Gérard Michaux, "Metz défend l'Etat", in François-Yves Le Moigne, ed., *Histoire de Metz* (Privât, 1986); and Le Moigne, "Hommes du Roi et pouvoir municipal à Metz 1641—1789" in François-Yves Le Moigne, *La Lorraine, passionnément* (Metz:Editions Serpenoise, 1993), pp. 12-22.

\*

在主张其权力方面，梅斯最高法院表现得很迟钝。1633年1月，路易十三设立梅斯最高法院时，犹太社区十分振奋，他们"把它视作自身特权的保护者和守护人"。[①] 尽管地方当局因为担心自身的权力被终结而提出请愿，但在黎塞留的坚决指示下，最高法院还是在大教堂隆重地成立了。犹太人指望最高法院能为他们提供王家保护，这种想法可能低估了最高法院的成员奉行最正统的天主教教义的决心。黎塞留"大胆地在一个厌恶法国统治的省份设立了'梅斯最高法院'"，以图通过破坏大法官和小领主法庭的司法权来推行王家秩序。此外，1634年设立的行政官法庭（bailliage）作为王家初审法庭，已经对小领主法庭的权力构成威胁。然而，掌握王家权力的行政官员却久久未能克服阻力，尽管徒然抵抗的十三人议会已被废除。正如埃曼纽埃尔·米歇尔所说："低等法院并非总是如设想的那样服从最高法院的权威。"1660年，市长和大法官仍然保留着分配市政资金的权力，并在若干其他领域战胜了最高法院。"国王的政府没有能力"令大法官就范，大法官仍旧自行其是，继续全力抵制他们的主要敌人——行政官，尽管后者在刑事和民事案件中拥有绝对的权力。[②] 17世纪60年代，"王室大臣"终于站稳脚跟，削弱了地方官员和显贵的影响力，这些人嫉妒"王室大臣"，并对抗绝对君主推行的集权制度。[③]

---

①　AD Moselle, 17J, 4.

②　Emmanuel Michel, *Histoire du parlement de Metz* (Paris, 1845), BNF, Mfiche L1-MM2.3486, pp. 19, 31, 88, 144, 153, and 139.

③　关于各方在梅斯角力的详细分析，参见Patricia Behre Miskimin, *One King, One Law, Three Faiths:Religion and the Rise of Absolutism in Seventeenth-Century France* (Westport:Greenwood Press, 2002), chap.2.

\*

拉斐尔·利维事件就是发生在这个极度动荡的地区。洛林屡遭战争和疫病（如鼠疫）蹂躏，死亡的幽灵挥之不去，1636至1643年间，梅斯人口从19000人锐减到3000人。[①] 灾难和不安全感可能导致梅斯人比其他地方的人更容易相信魔法和巫术。然而在同一时期，欧洲其他地方也经常发生指控巫师的案件。学者发现，在1450年至1750年间，全法国大约发生了10万宗巫术审判案件，有4万到5万人被判处死刑。在这些案例当中，有20%~25%涉及男性，并且绝大多数审判都发生在1640年之前。[②] 巫师被视为群体内部的敌人，是精通魔法的边缘人，他们背叛基督教社会，并从事近似于吃人的亵渎行为和仪式——的确，人们相信男女巫师会在夜间飞来飞去，猎杀小孩并把他们吃掉。

然而，这些巫师并非来自指控他们的社区以外的地方。与民间传说造成的印象相反，四处流浪的流民和乞丐以及短暂停留的季节性劳工很少成为被指控的对象。相反，涉嫌从事魔法和吃人仪式的人几乎全都是告发者的邻居。想要理解那些不可言说的仇恨为何突然爆发，并且几乎总是以火刑终结，原告与被告的这种近邻关系是根本的出发点。这种密切的、显然毫无威胁的社会关系一夜之间瓦解了，仿佛人们被突如其来的强烈愿望所支配，必须要把原先被视为同类的人置之死地而后快。许多案件都涉及报复、造谣、利益冲突、嫉妒和引诱。许多事情都可能造成巫术幻想，并导致邻里被清除，这些事情包括诅咒、传播传染病、破坏庄稼、诱拐儿童、

---

① Marie-José Laperche-Fournel, *La population du Duché de Lorraine de 1580 à 1720* (Nancy:Presses Universitaires de Nancy, 1985).

② 参见Alfred Soman, *Sorcellerie et justice criminelle: le Parlement de Paris, 16e-18e siècles* (Hampshire:Ashgate, 1992), chap.12, p. 181, 它重点研究对涉嫌从事巫术的人实施的私刑、投石和其他暴力行为。亦参见Robin Briggs, *Witches and Neighbors:The Social and Cultural Content of European Witchcraft* (New York:Viking, 1996), p. 8.

亵渎圣饼或圣水的指控，等等。

这些恶魔般的罪行不一而足。弱势下层民众的争吵、闲话、恐惧和积怨如得不到排解，就会演变成巫术指控，它的作用是清除充当了魔鬼代理人的内鬼所施的魔法，令群体重获新生。女巫被迫害的原因当然很多。精神病学的解释以源于前科学时代的幻觉、癫狂或迷信作为出发点，但许多历史学家拒绝采纳这种观点。相反，他们寻求的是功能主义的解释，即这些指控为何发生在特定的时间点，为何异端和魔法指控集中在某些个人身上。他们提出的一个假设是，猎巫运动是人们试图通过镇压大众信仰来强制推行基督教秩序的表征。另一个假设是，猎巫运动是新兴国家强制施行社会控制的结果。第三个假设是，上层农民试图将女性的身体妖魔化，以攻击穷人的迷信和他们的夜间娱乐，从而把自己与后者的文化和信仰区分开来。[1] 无论是哪种解释，都必须注意，由各种原因造成的地方冲突往往是巫术指控的根源。[2]

\*

源自不同信仰和偏见的地方冲突可能会被显著放大，特别是在公爵领地或主教领地这些政局动荡的小地方，因为它们往往处在若干敌对国家的夹缝之间，不断地被争夺和占领，因而也是暴行和谣言的温床。例如，在瑞士与荷兰之间的走廊地带，在弗朗什-孔代和洛林，或在神圣罗马帝国分散的小领地，由于地方显贵和业余法官的支持，发生这类指控的频率要

---

[1] 有关各种历史解释的系统介绍，参见Nachman Ben-Yehuda, "Problems Inherent in the Socio-Historical Approaches to the European Witch Craze", in Brian Levack, ed., *Witch-Hunting in Early Modern Europe:General Studies* (New York:Garland, 1992).亦参见Robert Muchembled, *Sorcières, justice et société aux XVIe et XVIIe siècle* (Paris:Imago, 1987).

[2] 这是罗宾·布里格斯在多部著作中提出的假设。

远高于官方业已树立权威的国家。① 在这方面，猎巫运动可以同针对犹太人的牲人祭指控相提并论，后者同样多见于上述这些地方。法国占领洛林期间，情况几乎没有任何改善，因为法国把司法职责交给了地方当局，尽管它们法律能力不足，判决也很武断。更糟的是，司法权当时掌握在富裕的显贵阶层手中，并且这些职位还可以世袭。因此，在"疲弱和边缘化"的国家，比如苏格兰和洛林，我们可以"检验猎巫运动与国家构建的进程存在关联这样的假设是否属实"②，因为洛林公爵需要依赖当地的行政人员，后者则容易屈从于民众的压力。相反，国家越强大，巫术审判就越罕见。

在上述政治背景下，就在利维事件之前，"着了魔"的洛林③就已经集中爆发了众多猎巫事件。在巫术的整体地理分布中，这个地区占有突出的地位：1580年到1630年之间，大约有3000人被指控从事巫术活动。④巫术仪式据称发生在树林、森林、荒野和其他没有人烟的所在。人们相信，女巫会在宴会上吃人肉，她们特别喜欢尚未受洗的新生儿的肉。吃人是常见的指控，洛林人传说，女巫在夜半集会时会吃一种用小孩的尸体做成的

---

① 阿尔弗雷德·索曼认为："在政府力量薄弱的地方，狂热分子可以为所欲为，数以千计的市民屈打成招，随后他们被送到火刑柱上烧死。这种情况在苏格兰和神圣罗马帝国的很多地方都可以见到，后者不仅包括各个德语公国，也括尚未并入法兰西王国的一些法语省份：弗朗什-孔泰、洛林、现在的北方省、加来海峡省的很多地方……但在政府力量足以抵抗这种压力的地方，比如英国、法国和西班牙，这种审判就相对较少，并且在1625年以后成为历史。"参见Soman, *Sorcellerie et justice criminelle*, chap.14, p. 29.

② Robin Briggs, *The Witches of Lorraine* (Oxford:Oxford University Press, 2007), pp. 373ff.亦参见pp. 19ff.

③ William Monter, *A Bewitched Duchy:Lorraine and Its Dukes*, 1477—1736 (Paris:Droz, 2007).

④ 由于材料欠缺，我们不知道梅斯地区的巫术审判数量。参见Briggs, *Witches of Lorraine*, pp. 36ff, and André Brulé, *Sorcellerie et emprise démoniaque a Metz et au Pays messin (XlIe-XVIIIe siècles)* (Paris:Harmattan, 2006).

肉汤。① 针对女巫的指控总会指向她们的弱点，包括她们的边缘地位，以及她们和参与审判的周边社区之间破碎的联系。告发者往往是被告的近邻，而在洛林错综复杂的政治局势下，往往也是他们要求敌对的地方当局介入调查。调查完全依赖证人证言，这导致被告完全没有脱罪的机会，因为她们与邻里的联系已被切断。面对精心设计的审判程序和意图令她们崩溃的密集的问题，她们唯有自求多福。在这期间，被告必须牢记自己对同一个问题的回答，并且日复一日不知疲倦地重复。

\*

为了让被告认罪，洛林似乎也比法兰西王国更愿意使用极端的酷刑。例如在1616年，雅科·蒂斯朗就连续遭受多种酷刑，包括拇指夹、老虎凳、绞车、吊刑架等，终于令他放弃了顽强的抵抗，被迫承认自己从事了巫术、与魔鬼勾结等恶行。② 在洛林的小村庄和小城镇，巫术指控尤其普遍，在这些地方的宗教仪式和公共假日期间，谣言传播极为迅速。私下传播的流言可以令某些社区成员的声誉毁于一旦。谣言往往与社会经济问题有关：放贷者可能会被斥为魔鬼的党徒。工资纠纷、盗窃庄稼、伤害牲畜、买卖牲畜等引起的问题，都有可能激起怨恨并导致诉讼，最终抹除债务了事。

---

① 有关洛林的女巫、魔法的角色和魔鬼信仰，参见Dom Calmet, *Histoire ecclésiastique et civile de Lorraine* (Nancy, 1738), Vol. 3, p. 28.E. Delcambre, *Le concept de la sorcellerie dans le duché de Lorraine au 16e et 17e siècles* (Nancy, 1948—1951), Vol. 1, pp. 151, 212-213; 亦参见同一作者，"Les procès de sorcellerie en Lorraine.Psychologie des juges"，*Revue d'histoire du droit*, 1953, pp. 389-420.L. Gibert, "La Sorcellerie au pays messin"，*Pays Lorrain*, 1907 p. 35.罗宾·布里格斯也专门研究了在该地区发生的400起巫术审判。

② Robin Briggs, *Communities of Belief:Cultural and Social Tensions in Early Modern France* (Oxford:Clarendon, 1995), p. 8; 亦参见同一作者，*The Witches of Lorraine*, pp. 74ff.

*

洛林人对弑婴案似乎特别恐惧。在17世纪60年代以前，这里发生了太多的此类案件，甚至经常有猪被绞死，因为谣传它们曾杀死婴儿并吃掉。[①]当时还发生了许多母亲杀死婴儿并把他们埋掉的案件。[②]儿童也经常被绑架，罪名有时会落到女巫身上。例如，1553年，"胖女人"艾莉森承认杀了一个婴儿并把他埋了，准备在下次女巫夜集时吃掉。[③]接生婆经常被视作女巫：1609年，在小镇拉翁，一个名叫热农·佩蒂特的接生婆屈打成招，她承认，她的主人，也就是魔鬼，曾命令她杀死尽可能多的小孩，把他们做成粉末，在下次女巫夜集时带给他。[④]所有这些妇女都遭受过可怕的酷刑，她们不得不编造更加骇人听闻的细节，才能令施刑者满意。我们看到，同样的情况也发生在特伦特等地的犹太人身上——他们必须编造各种"谋杀故事"来满足施刑者对奇幻故事的期待，而犹太人也像女巫一样需要扮演给他们指定的角色。女巫们的命运几乎都是事先就注定了。在这个时期，法国和洛林只有5%~10%的女巫逃过了火刑。抵受最极端的酷刑需要有超人的毅力，有些人还会斥责法官，甚至嘲笑和指责他们"丧失了对神的敬畏"，行为举止就像"自以为是的冷酷的基督徒"。[⑤]酷刑在当时被视为一种可靠的检验手段，一种旨在揭示确凿无疑的真相的有效神裁，因此，极少数人既然能熬过酷刑，或许就证明他们不是撒旦的同党。就灵魂得救而言，最糟糕的莫过于做伪证，莫过于违心地承认行巫，因为

---

① Monter, *Bewitched Duchy*, p. 134.作者叙述了发生在洛林的许多案件，其中有猪被指控杀害儿童并被绞死。见第33页。

② 参见Alfred Soman, *Sorcellerie et justice criminelle*, chap. 11.

③ Briggs, *Witches and Neighbors*, p. 19.

④ Ibid., p. 280.

⑤ Etienne Delcambre, "Psychologie des inculpés lorrains en sorcellerie", in Brian Levack, ed., *Witch-Hunting in Continental Europe* (New York:Garland, 1992), Vol. 5, pp. 396ff.

这将令他们遭到永恒的诅咒。但面对酷刑，大多数人都招架不住，并且很快就转而谴责假想的帮凶。

＊

洛林的猎巫活动一度热火朝天，但在1640年左右急剧降温。有一段时间，该地区战祸连连，它令社会发生深层断裂，加剧社会对立，因为有人借机发了财，有人则陷入贫困。1560年至1660年间，反荷起义、三十年战争、宗教战争、法西冲突，接二连三的战乱造成大面积的破坏，大量人口深受其害。洛林损失惨重，人口在短时间内减少了近60%。正如罗宾·布里格斯指出，这些不幸的原因显而易见，所以猎巫活动也停止了。[①]尽管诺曼底和法国西南部地区在17世纪70年代又出现新的猎巫案例，但总体下降的趋势仍很明显，这在很大程度上要归功于科尔贝的铁腕干预。[②]在惨痛的现实面前，虚构的故事和想象黯然失色，有关巫术的幻想、迷信和谣言不见了踪影。

因此，时代的不幸减少了人们的巫术信仰。1663年，即利维事件之前不久，洛林出现了一个明显的转折点：巫术指控从法院的日程当中消失了。在这之前，1652年8月，生活在拉默尔特高山峡谷的安妮·库佩肖斯因为行巫被处死，其后到1661年才在圣迪出现了另一宗因为行巫被处死的案例。在圣迪的案件中，检察官判定穆容·沃德尚行巫，判处她杖刑，最后把她烧死。但在1663年7月，设在蓬阿穆松的洛林最高法院推翻了圣迪

---

① Briggs, *Witches and Neighbors*, p. 308.

② Robert Mandrou, *Magistrats et sorciers en France au XVIIe siècle* (Paris:Plon, 1968), pp. 426ff.参见Pierre Chaunu，"Sur la fin des sorciers au 17e siècle"，*Annales: économies, sociétés, civilisations* 24 (1969).亦参见Robert Muchembled, *Les Derniers Bûchers* (Paris, 1987).

检察官的裁定。[1] 洛林的猎巫活动就此结束。行政集权化终结了地方司法权。在南希，经过上诉，最高法院也对大多数巫术死刑作了改判。

\*

在国家权力的支持下，教会从此更加牢固地掌握了各种社会关系。[2]学者米歇尔·德·塞尔托认为，被归作异端的巫术与秘教仪式，被魔鬼附身的案例所取代，而城市发生魔鬼附身案件的概率要高于乡村，且多发生在经济相对宽裕的社会阶层，因为这个阶层的虔诚信徒特别多。在这种背景下，魔鬼在1632年的卢丹以新的面目出现了：当地神父于尔班·格朗迪耶被判定为施"魔法"的新型"巫师"，他被判处死刑，受折磨后被烧死。[3]

但我们能否断言，是女巫时代的终结，以及教会越来越不愿意把她们当作替罪羊，导致对犹太人——这是教会一直在打压的另一个离经叛道的群体——的迫害再度升温？倘若如此，那么在洛林这种备受战争蹂躏、政局动荡、未被"国家理性"开化的地方，这种状况是否特别普遍？此外，女巫时代的终结是否促成了已基本被遗忘的牲人祭指控的回归，尤其是在洛林这样的地方，因为它固守天主教社会等级并严厉对待一切异端

---

① Jean-Claude Diedler, *Démons et sorcières en Lorraine. Le bien et le mal dans les communautés rurales de 1550 à 1660* (Paris: Editions Messene, 1996), pp. 10-19.亦参见Monter, Bewitched Duchy, p. 133.

② Diedler, *Démons et sorcières en Lorraine*, p. 173.邻近的阿尔萨斯省尽管政局复杂，但猎巫活动也在1640年以后减少。事实上，有一些被指控施行巫术的妇女被裁定无罪，反而是指控他们的人被定罪，比如在1657年。1685年的科尔马也是如此。塞莱斯塔的最后一个女巫于1641年被烧死，科尔马是1650年，斯特拉斯堡共和国是1660年。参见Joseph Klaits, "Witchcraft Trials and Absolute Monarchy in Alsace", in Levack, ed., *Witch-Hunting in Continental Europe:Local and Regional Studies*, pp. 157-160.

③ Michel de Certeau, *La possession de Loudun*(Paris:Archives/Julliard, 1970), and *L'écriture de l'histoire*(Paris:Gallimard, 1975), chap.3.

（比如前面所说的卢丹案例），特别是严厉对待犹太人？我们在这个时期的西方社会观察到的"魔法衰落"①的现象，是否为迫害犹太人打开了方便之门，因为他们顽强地保持自身的身份认同，进而威胁到了王国的文化统一？这种迫害是否导致牲人祭这种曾长期困扰德语区的离奇指控再度升温？

天主教与新教徒的根本对立虽然依然存在，并最终导致新教徒被粗暴驱离，但犹太人现已成为魔法指控的唯一目标，尽管自中世纪以来，对魔法、魔法药水和各种迷信的信仰就一直存在于欧洲各地。这个时期，科学和理性的大发展带来的"世界的祛魅"终结了巫术信仰，但并未根除对犹太人的牲人祭指控。有一种观点认为："正是因为抛弃了魔法信仰，科技才得以蓬勃发展，而不是相反。"②但请注意，在17世纪晚期的法国，尽管科学和理性取得巨大发展，但对犹太人的强烈偏见却未有丝毫减弱。女巫消失后，被描绘成基督教最顽固的敌人的犹太人取代了她们的位置，成为与魔鬼勾结施行巫术的头号嫌疑对象。犹太人长久以来遭受的牲人祭指控，就是这一现状的有力证明。③犹太人尽管很少被指控参与女巫夜集，也未遭遇巫术指控，但中世纪到17世纪的基督徒却经常把犹太人跟女巫联系在一起，并相信他们拥有同样的邪恶秘密。在这方面，犹太人和女巫

---

① 基思·托马斯也呼吁注意宗教信仰强化与非理性减少之间的联系：*Religion and the Decline of Magic:Studies in Popular Belief in Sixteenth and Seventeen Century England*(London:Weidenfeld and Nicholson, 1971), p. 663.

② Ibid., p. 657.

③ 参见Stephen Haliezer, "The Jew as Witch:Displaced Aggression and the Myth of the Santo Nino de La Guardia", in Mary Elizabeth Perry and Anne Cruz, eds., *Cultural Encounters:The Impact of the Inquisition in Spain and the New World* (Berkeley:University of California Press, 1991), pp. 147-152.作者表明，在设立宗教裁判所期间，西班牙很少有女巫被起诉。犹太人成为主要的目标，他们被指控在圣童拉瓜迪亚的牲人祭案件（1490年）中施行魔法，在天主教西班牙，该案已被广泛讨论数个世纪之久，直到最近才平息下来。据称，该案的罪犯模仿并嘲弄了基督受难的场景。

"尽管不同，却彼此相似"。[1]卡罗·金兹伯格对这种联系的描述如下：
"首先是相对较小的群体（麻风病人），接着进入以宗教和种族划分的较大群体（犹太人），最后是一个更大的群体（男巫和女巫）。像麻风病人和犹太人一样，人们认为男巫和女巫也生活在社会的边缘。他们的阴谋始终源自外部的终极敌人——魔鬼。"[2]

\*

事实上，尽管犹太人因为被认为拥有魔力而常常被比作女巫，但他们也被据称与他们相似的女巫所蛊惑。例如，1608年，马里昂·弗朗德雷供认，她只用巫术来杀死"恶人、叛徒和犹太人"。[3]女巫从大众的想象世界消失之后，有关犹太人的传统恐惧和幻想再度被激活，并成为无所不在的日常暴力造成的时代焦虑的发泄口。1655年，博絮埃成为梅斯大教堂的议事司铎，他开始针对犹太人发表激烈的布道演说。[4]在他的带领下，反改革派[5]几乎把敌意的炮火全部对准犹太异教徒，直到稍晚时候才把注意力转回新教徒身上。1668年，耶稣会仿照专供女性使用的女修道院，创建了一座专用于为新教徒和犹太人改宗的传信修道院（couvent de la Propagation de la Foi）。在整个法国，教会与国家的紧密联盟以及神赋权利的理论，为暴力镇压一切拒不遵守神圣价值观的人（包括渎神者）提

---

[1]　Anna Foa, "The Witch and the Jew:Two Alikes That Were Not the Same", in Jeffrey Jerome Cohen, ed., *From Witness to Witchcraft:Jews and Judaism in Medieval Christian Thought*(Wiesbaden:Harrassowitz Verlag, 1996).

[2]　Carlo Ginzburg, *Ecstasies:Deciphering the Witches' Sabbath*(London:Penguin Books, 1991), p. 72.

[3]　Diedler, *Démons et sorcières en Lorraine*, p. 70.

[4]　Pierre-André Meyer, *La communauté juive de Metz au XVIIIe siècle*(Metz:Editions Serpenoise, 1993), p. 80.

[5]　René Taveneaux, "Réforme catholique et Contre-Réforme en Lorraine", *L'Université de Pont-à-Mousson et les problèmes de son temps* (Nancy, 1974).

供了理由。1666年9月，路易十四在枫丹白露宣称："要使我们的人民和国家得到神的祝福，最要紧的莫过于遵守并强迫他人遵守上帝的神圣戒律，惩罚那些亵渎、诅咒、憎恶神的圣名的人。"无论是断肢还是火刑，任何一种极端处罚都在预料之中。[①]一场严厉的天主教虔信运动笼罩着梅斯城，其狭小的犹太人街区被教堂和修道院团团包围。新进僧侣充斥着本笃会和方济各会的修道院。耶稣会征服梅斯居民精神世界的狂热取得了显著的成效，比如，工匠兄弟会在1658年有250名成员，到发生利维事件的1669年增加到了800名。见证天主教成功的新宗教建筑明显增加：1665年，耶稣会开始兴建圣母教堂，同年还重建了圣阿尔努修道院。1668年，即拉斐尔·利维被捕的前一年，圣母往见会礼拜堂开始动工。1670年，加尔默罗赤足修会教堂开始动工。

很明显，在这个阶段，"天主教的进攻"在梅斯成绩斐然，[②]在塑造居民的价值观的同时，它也令新教徒和犹太人被怀疑与排斥的感觉变得越来越强烈。无处不在的神职人员把绝大多数人吸引到教堂，所有的基督徒都要领复活节圣体，圣人成为虔信甚至迷信的对象。[③]在这个"前线教区"，[④]教宗至上论以"最虔诚的基督教国王"的名义取得了胜利，它促使居民去鄙视甚至憎恨那些顽固保守、持不同信仰的人。而在几年之前，《南特敕令》已被撤销，暴力镇压新教徒的情况日益增多，尤其是在法国

---

① 1679年，在蒙福尔-拉莫里，两个亵渎并对十字架有不虔诚言语的士兵被砍断右手，并在广场上被绞死，再被放到火刑柱上焚烧。Alain Cabantour, *Histoire du blaspheme en Occident.XVIe-XIXe siècles* (Paris:A. Michel, 1998), pp. 230 and 234

② François-Yves Le Moigne and Gérard Michaux, "Metz défend l'Etat" pp. 251-255. 亦参见Henri Tribout de Morembert, "La prédication à Metz", in Bossuet, *La prédication au XVIIe siècle*(Paris, 1980).

③ Michel Pernot, "Etude sur la vie religieuse dans la campagne lorraine à la fin du XVIIe siècle", *Annales de l'Est*.Mémoire no. 39, 1971, pp. 91 and 111.

④ François-Yves Le Moigne, "Fastes et servitudes d'un diocèse-frontière sous la monarchie absolue", in Henri Tribout de Morembert, ed., *Le diocèse de Metz* (Paris:Letouzay et Ané, 1970).

东部。凡尔赛宫廷歌舞达旦。巴黎学者对即将上演的戏剧视若无睹，他们力图通过严格的经验观测来捍卫科学的精密性。然而，对于巴黎——这座绝对主义法国的典范城市所创建的一切理性规范，反改革势力根深蒂固的梅斯却嗤之以鼻。新的"谋杀故事"取代了昔日的巫术审判，它的舞台已经搭建完毕。拉斐尔·利维事件即将在这个舞台上展开，利维及其若干教友的命运已经注定。

# 第二章　邻里与偏见

1306年，犹太人被逐出法国之后，他们当中的一些人来到巴尔公国定居。洛林公爵被指责接收了太多的犹太人，于是他们在1350年被逐出巴鲁瓦地区和洛林公国。1422年，梅斯的犹太人获得了罕见的特权，但在这个世纪末，他们也遭到驱逐，直到1562年法国在该地区获得一个立足点之后才开始返回。犹太人尽管长久以来一直在梅斯合法或非法的居住，但当法国控制这座城市时，只有四个家庭获准返回。这四个家庭被称作"国王的犹太人"，他们被授予自由居住权，并且可以放贷和收取抵押品。

1567年再次有人提出要驱逐他们时，他们向国王派驻梅斯的总代理人维埃耶维尔元帅求助。元帅允许他们继续居住，但要支付一项特别税。1574年，他们再次被驱逐，但亨利三世很快就恢复了他们的特权。1595年，由大约1200人组成的25个家庭组建了一个正式的犹太社区："从此以后，在国王的直接保护下，犹太人安全地居住在梅斯……梅斯的犹太社区已获重建，永远不会再解散。"①

1605年，亨利四世也对梅斯的犹太人表示感谢，并将他们置于自己的保护之下。由于这种王家庇护和稳定的形势，在利维事件之前的许多年间，犹太人人口增长显著。1621年，梅斯共有400名犹太人。这个数字到

---

① Roger Clément, *La condition des Juifs de Metz sous l'Ancien Régime* (Paris, 1903), pp. 24-25.

1678年已增加到665人，1698年达到950人。[1] 这些家庭选举出居民代表，由于王室高官的支持，这些居民代表享有绝对的权力。这些居民代表都是富裕的显要，他们强制推行有关良好品行、道德和节制的规则，以避免冒犯他们的基督教邻居。他们维持犹太社区的秩序，并颁布在犹太社区具有法律效力的法令。犹太人还选出首席拉比（他们几乎全都是知名的犹太教法典专家）共同主持拉比法庭，该法庭负责强制犹太人遵守犹太教的仪式和传统。

梅斯的犹太人经常被基督教邻居敌视。天主教神职人员和民众尽管经常呼吁驱逐他们，但他们仍继续获得国王的保护。[2] 由于经常为军队提供资金，犹太人与国王的代理人关系十分紧密。相比之下，他们与城市商人（呢绒商、屠宰商、面包商、服饰商、制革商等）关系紧张，后者出于忌妒，经常投诉他们。例如，"在1656年、1657年和1695年……总督接到行会投诉犹太人的商业活动的大量报告"[3]。但由于他们对王室的国家建设贡献巨大，所以他们一般都会得到国王的地方代表即总督的一贯支持。

1619年，梅斯的第一座犹太教会堂落成。路易十三曾在1661年[4]访问这座犹太教会堂，并很快确认了给予犹太人的特权。1634年，梅斯最高法院违背当地神职人员和市民的意愿，决定维持王室授予的这些特权。因此，"有了国王和最高法院的双重保护，梅斯的犹太社区可以高枕无忧

---

① M. Ginsburger, "Les Juifs de Metz sous l'Ancien Régime", *Revue des Etudes Juives*, 1905, p. 128.

② Clément, *La condition des Juifs de Metz sous l'Ancien Régime*, pp. 25-27.

③ Martine Lemalet, "Juifs et intendants au XVIIe siècle", *17e Siècle*, April-June 1994, p. 298.亦参见同一作者关于王室对犹太人的关照的研究："Les Juifs et l'Etat classique", in Henri Méchoulan and Joël Cornette, eds., *L'Etat classique*(Paris:Vrin, 1996).

④ 应为路易十四，或者年代有误。——译者注

了”①。有威望的拉比鼓励宗教研究，使梅斯成为“《托拉》之城”。②

正如亚伯拉罕·卡昂所指出：“从1650年起，社区已经成熟，根基十分稳固。它声誉卓著，被认为是最出色、最重要的（犹太）社区之一。……其成员获得普遍的尊重，与当地最高当局和最有影响力的人物关系十分融洽。”③在欧洲犹太人当中，梅斯被奉为模范犹太社区。④1657年，梅斯的王室高官拉瓦莱特公爵将犹太家庭数量固定为96个，每个家庭由四五个居住在圣费茹瓦社区的人组成——犹太人刚刚获得了在该社区购买地产的权利。

\*

1657年路易十四到访梅斯，他在住棚节第一天就访问了犹太教会堂。拉比回忆道：

> 公元418（5418）年犹太赎罪日翌日，法国和纳瓦尔国王路易携同王后、太后和王弟安茹公爵莅临本市。其后的星期六，住棚节第一天，国王在王弟以及许多公爵和贵族的陪同下，浩浩荡荡地来到犹太教会堂。……第二天，伟大的骑士布里耶纳伯爵的书记官来到会堂，诚心诚意对以色列人说："国王表示对犹太人十分满意，他已命令大臣拟诏确认犹太人的特权。"

---

① Clément, *La condition des Juif de Metz sous l'Ancien Régime*, p. 34.

② 我在这里采用的是纳坦·内特的说法，参见Nathan Netter, *Vingt siècles d'histoire d'une communauté juive (Metz et son grand passé)*(Paris:Librairie Lipschutz, 1938), p. 51.亦参见Gérald Cahen, "Les Juifs dans la région lorraine des origines à nos jours", *Le Pays Lorrain*,1972, 53rd year, pp. 59-66.

③ Abraham Cahen, *Le rabbinat de Metz pendant la période française (1567—1871)*, 1886.BNE Mfiche LD 183-19, p. 28.亦参见 "Les Juifs de Lorraine", *Archives juives*, 2nd semester 1994, no. 27/2.

④ Pierre Mendel, "Les Juifs à Metz", *Annales de l'Est*, 1979, no. 3, p. 255.

国王签署诏书后，行会再次提出抗议，它试图阻止最高法院登记诏书，还试图限制犹太人的经济活动。[①] 1667年，国王允许拉比和七名理事会成员在市内戴黑帽，而此前他们公开露面时必须戴黄帽。并且自同日起，所有人都有权在乡间戴黑帽。[②] 面对民众的压力，最高法院设法削减了国王授予犹太人的特权，保护行会的利益。[③] 此外，"在一个风俗、礼仪和信仰根深蒂固的农民社会，犹太人被视为不可容忍的入侵者，何况他

---

[①]  9.Robert Anchel, "La vie économique des juifs de Metz aux XVIIe et XVIIIe siècles", in *Les Juifs de France*(J. B. Janin, 1956), p. 170.一个世纪之后，路易十六确认了这些诏书，并回顾了它们的历史。确认先前授予梅斯犹太人的特权之诏书：蒙受神恩之路易，法国和纳瓦拉国王。居住在梅斯市的犹太人谨告，彼等自十三世纪以来一直在该市生活，由于梅斯已归属法国，彼等已努力证明彼等之热情，并已证明彼等对新君主之服从和忠诚，而彼等亦已因此蒙受历任先王最优厚的待遇；荣耀之国王亨利四世于1603年3月24日首次发布诏书，将彼等置于其保护和特殊保障之下，并允许彼等贸易和营商……在1605年10月18日慷慨授予彼等的诏书中，亨利四世重申了上述动因，并部分确认一项已经提出的新规定，以清除彼等与该市居民之间可能存在的各种障碍。继任之路易十三于1632年7月24日为彼等发布诏书，确认了前述事项，同时确认了派驻梅斯地区的王室高官和总代理人授予彼等的许可，即彼等可在该市圣费鲁瓦区的指定范围内购买特定的房产，以褒奖彼等在内战期间为无法获得酬劳的梅斯驻军提供的服务。1654年，路易十四在梅斯驻跸期间，国王同意彼等之恳求，确认了彼等从历代先王那里获得的恩惠和特权；他还在1657年9月25日为此发出的诏书中宣布，他已获悉，犹太人曾为梅斯贡献力量和金钱，已缴纳所有的常规和特别税，甚至不时地帮助当地驻军，因此他有充分的理由对彼等感到满意；路易十四通过该诏书确认、批准和追认上述事项，令该市的犹太人及彼等之后裔充分且和平地享受诏书提供的好处，而不会因为任何原因或理由受到滋扰……先王路易十五，我们最尊贵的国王和祖先，两次给予彼等特殊保护，第一次是在1715年12月31日登基时，他确认和批准了为彼等颁发的各项诏书，并命令确保彼等及彼等之后代充分且和平地享受该等诏书所包含的一切恩惠、习俗、自由、豁免权、习惯和特权……吾等特此确认、批准和追认上述诏书；吾等意愿令彼等之形式和内容均获遵行，令犹太人在该市成家立业，令彼等之后代同过往一样继续享受诏书的效力和内容，而不会因为任何托辞或理由遭遇任何麻烦或困难。路易。凡尔赛，1777年2月3日[引自Nicolas Lançon, *Recueil des Loix, coutumes et usages observés pas les Juifs de Metz...en exécution des Lettres-patentes du 20 août 1742* (Metz, 1786).BNF 8° Ld 183.1].

[②]  Nathan Netter, *Vingt siècles d'histoire d'une communauté juive*, p. 54.亦参见Bernhard Blumenkranz, ed., *Histoire des Juifs en France* (Toulouse:Privât, 1967), p. 81.

[③]  Frances Malino, "Competition and Confrontation:The Jews and the Parlement of Metz", in Gilbert Dahan, ed., *Les Juifs au regard de l'histoire.Mélanges en l'honneur de Bernhard Blumenkranz* (Paris:Picard, 1985), p. 340.

们还被另一群外来人即法国军队和行政人员保护着。"[1] 面对行会的强烈敌意、民众的一贯仇恨和反改革派的排斥，梅斯犹太人唯有仰仗国王的保护。然而，有一个问题非常值得探讨："在路易十四漫长的统治时期，国王对犹太人的善意是否从未动摇？"[2]

\*

事实上，梅斯犹太人尽管享有十分优越的特权，但"他们的处境并未跟随时间和观念的变化而明显改观，因为这个群体被视作外来人，他们在城市中构成一个独立的政治团体，一个另类的小集团"[3]。无论是在他们享受国王保护的城市，还是在当时尚未被法国军队占领、由公爵制定法律的洛林其他地区，犹太人都与当地社会格格不入。他们被视为外来者，经常成为周围的基督徒非难的对象。根据总督杜尔哥的报告，他们"就好像一个共和国，一个在不同国家之间从事贸易的中立国"。因此，利维事件的背景是犹太人长期受到普遍的怀疑。拉斐尔·利维居住在距离梅斯不远的布雷，那里有该地区最古老的犹太社区之一。自16世纪初开始，布雷就一直归洛林公爵统治，无论是早期公爵与梅斯共和国的冲突，还是后来公

---

①　Claude Rosenfeld and Jean-Bernard Lang, *Histoire des Juifs en Moselle*(Metz:Editions Serpenoise, 2001), p. 52.皮埃尔-安德烈·迈耶也称："梅斯人最初憎恨犹太人，认为他们是外部权力强加给本市的异质存在。这种权力把梅斯变成了一座军事化城市，这意味着支出大大增加……由于犹太社区的存在与城市的军事化紧密相关，因此对军事化的态度很可能影响到了对犹太人的态度。" *La communauté juive de Metz au XVIIIe* siècle,p. 80.罗贝尔·昂谢尔曾指出："许多梅斯犹太人为驻扎在法国东部边境的军队提供给养，令他们获得几位国王的赞赏，从亨利四世到路易十四均是如此。"参见 "La vie économique des Juifs de Metz", p. 177.

②　Clément, *La condition des Juifs de Metz sous l'Ancien Regime*, p. 37.

③　Ibid., p. 214.

爵与法国国王之间的冲突，布雷都首当其冲。[1] 因此，它被卷入了一系列的冲突、战争、对抗和围困，它们最后往往带来烧杀劫掠。居住在城内的犹太人经常成为这些袭击的目标。

布雷还遭遇其他不幸的打击。例如在1635年至1636年冬季，该镇900名居民当中就有超过200人死于瘟疫。[2] 因此，布雷和洛林其他地区的人们都生活在对灾难和痛苦的持续恐惧之中。焦虑不安的人们最容易为迷信和魔法恐惧所左右。

\*

1660年，民众对13个犹太家庭的存在感到愤怒和强烈的敌意。1664年，洛林公爵批准犹太人临时回归，居民趁机要求驱逐他们，但在1670年法国军队返回之前，公爵都一直未能执行这个要求。在此期间，同整个摩泽尔的其他犹太人一样，布雷的犹太人被禁止拥有用作出租的土地或不动产，也不得加入各种各样的行会。因此，他们只能以贩卖生活必需品为生，许多人成为牲畜贩卖商、屠宰商或短期放贷人。[3] 所以，在拉斐尔·利维居住的这座小镇，由于当地居民的不满，犹太人的地位十分不稳固。

在发生针对利维的牲人祭指控之前不久，布雷已经在公开呼吁驱逐犹太人——当时这个犹太人社区只有大约50个人，但在该镇的其他居民看

[1] Jean Daltroff, "Histoire des cimetières de la communauté juive de Boulay et proposition d'une approche pédagogique d'un Heu de sepulture", *Cahiers des Pays de la Nied,* no. 139, June 2003.

[2] Jean Houdaille, "La population de Boulay (Moselle) avant 1850", *Population,* Nov.-Dec. 1967, p. 1061.

[3] Matthieu Kedzierski, *La communauté juive à Boulay.Des origines à nos jours,* Lycée Fabert, Terminale L2, Metz, 1995.

来，这个数字仍太过庞大。他们认为犹太人威胁到他们的经济利益，因为犹太人绕过当地市场，直接与梅斯人交易。

这座小镇分布着好几座教堂和礼拜堂，表明当地居民是一边倒的基督教虔信者。1664年1月16日，南希最高法院命令布雷的犹太人宣誓改宗。但在发生利维事件的1670年，又有一座新的犹太教会堂落成，令布雷的非犹太人十分愤怒。穿着祈祷披肩的犹太人公然前去参加犹太教仪式的情景，令布雷人怒火中烧。17世纪下半叶，诉状急剧增加，许多人表示，天主教徒不能再容忍哪怕是一个犹太人生活在他们中间。迟至1701年，布雷的犹太人还被判定支付巨额罚款，用于装饰基督教堂，原因是"在露天场所举行犹太教仪式和公开集会后，上一个圣星期四和星期五，犹太人还举行假面游行，并在布雷的街道上奔跑，以嘲弄天主教"[1]。事实上，威胁、紧张对峙、临时驱逐在布雷从未真正结束，即使在法国大革命之后，"圣周弥撒过后，一些少年强迫犹太人在圣周期间封住犹太教会堂的入口，在犹太街引起一场风波"[2]。

\*

拉斐尔·利维是艾萨克·利维的儿子。1613年，他出生在一个名叫舍兰库尔的小村庄，有少数犹太人自1577年来就居住于此。附近有一个名叫埃纳里的村庄，犹太人会到这里来参加宗教活动，他父亲的名字曾出现在当地领主的账本里。拉斐尔·利维在舍兰库尔居住到1636年左右，在这

---

[1]　Paul Bajetti, "La communauté israélite de Boulay", *Cahiers des Pays de la Nied*, 1986, no. 5, pp. 24-25.亦参见Paul Bajetti, *Boulay sous la domination Lorraine*, AD Moselle, BH 12479.

[2]　Frédéric Guir, *Histoire de Boulay* (Metz, 1933), p. 74.亦参见Claude Rosenfeld and Jean-Bernard Lang, *Histoire des Juifs en Moselle*, pp. 222-225.

一年，受三十年战争影响，当地的村庄遭到劫掠。同许多居住在易受袭击的村庄的犹太人一样，拉斐尔曾到梅斯避难，还一度居住在格里蒙。后来他在布雷结婚，并在那里开了一家店铺，做贩卖牲畜的小生意。一个梅斯公证人曾在1654年记录过他的一笔交易。一份日期为1665年的文件称他居住在布雷，希伯来文签名证实，这就是1639至1640年曾居住在格里蒙的那个人。当他于1669年被捕时，他似乎已经成为布雷犹太人社区的成员。由于经常到梅斯做生意，所以那里的犹太人都认识他。有好些合同都曾提到他，表明他做过小额放贷，还贩卖粮食和牲畜。一份日期为1665年10月22日的文件显示，他拥有好几群羊（没有提到具体有多少只）。他不穷，有些家产，但跟同他有生意往来的梅斯犹太人相比，他的家境只能算一般。这份文件写道：

> 来自梅斯的amans（原始文件无法辨认，可能是指"证人"）以下签署见证，居住在本市的羊倌皮埃尔·戴居与居住在布雷的犹太人拉斐尔·利维订立合同，由戴居负责看管、照料和饲养属于拉斐尔的一群白羊，期限为一年整，自本文件之日开始计算，直至满一年后尽可能以最佳状况把羊群还给拉斐尔为止。为此，戴居承诺尽到一名称职忠诚的羊倌应尽的一切责任，作为回报，拉斐尔承诺付给他三百梅斯法郎，一半在六个月内支付，另一半在一年届满时付清，另加一双鞋子；此外，他将有权从羊群中选择他自己看中的六只羔羊归自己所有，这些羔羊将在一年期限届满时取得。作为订约凭证，双方分别提供各自现在和未来拥有的动产和不动产作为抵押。本合同于一千六百六十五年十月二十二日午前在梅斯订立，戴居声明他不会写字，也不会签署本文件，而拉斐尔以希伯来文签署。
>
> （无法辨认）在有关期间为戴居提供食宿。

（戴居的手印）

Rafael bar Yitzhak ha-Levi z'l [①]

1670年1月，拉斐尔·利维死在火刑柱上，身后留下妻子和三个子女。梅斯的《犹太要人殉亡录》[②]提到了这几个孩子的命运，但很奇怪，它并未提及拉斐尔的悲惨下场：[③]

> 正直和善的雅各，殉道者、哈韦尔[④]、一生正直、公正交易的拉斐尔·利维之子。……他的妻子和儿子代表他向孤儿院提供了一笔捐赠。死并葬于5447年以珥月23日，星期二（1687年5月6日）
>
> 和善的蕾泽勒，殉道者、哈韦尔、一生正直的拉斐尔·利维之女，愿神为他复仇。……她的丈夫代表她向孤儿院提供了一笔捐赠。死并葬于5451年提赫里月26日，星期五（1690年9月29日）
>
> 正直高贵的犹大·莱卜，殉道者、哈韦尔、拉斐尔·利维之子，愿神为他复仇。他公正交易，曾在孤儿院任职。……他曾多次代表社区到王家法院请愿。……他的儿子代表他向孤儿院提供了一笔捐赠。

---

①　AD Moselle, bundle 3 E 2737, folio 13.感谢帕斯卡尔·福斯蒂尼提供这份文件以及有关拉斐尔·利维生平的其他信息。亦参见Faustini, *La communauté juive de Metz et ses familles (1565—1665)* (published by the author:October 2001), p. 228.

②　《犹太要人殉亡录》（*Memorbuch*），一种专门记录犹太社区重要人物死亡情况的特殊文献，常见于德国。——译者注

③　金斯布格尔在《阿尔萨斯回忆录》中说，在18世纪，阿尔萨斯多个地方的《犹太要人殉亡录》追认拉斐尔·利维之子拉斐尔·艾萨克·阿-利维为殉道者，这些地方包括里博维莱、阿格诺、布维莱、涅代尔奈、伊瑟南和米泰尔索尔特。参见Revue d'Etudes Juives, Vol. 40, 1905, p. 239.帕斯卡尔·福斯蒂尼发现，科布伦茨的《犹太要人殉亡录》曾在犹太历5430年提别月25日提到拉斐尔。

④　哈韦尔（haver），对有学识的犹太人的尊称。——译者注

死于5481年阿卜月2日，星期日，葬于星期一（1721年8月4日）。①

作为分散在梅斯及其周边众多小村落的狭小犹太社区的居民，拉斐尔·利维身上体现了犹太群体所特有的若干社会和文化特征，这些群体彼此互动、融合，以此形成相互信赖的关系，促进贸易和团结。利维事件尽管将终结部分这些社会关系，但另外一些则存活了下来。许多证人承认，他们认识拉斐尔·利维，因为他是"熟人，也是邻居"，或承认他们"在布雷见过面，认识他们的家人，因为他们住在同一个地方"。

许多证人住在格拉蒂尼、莱埃唐和布雷，所以经常碰到拉斐尔·利维，弗雷曼·穆瓦罗就是其中之一，他"认识被告，因为多次在路上见过他"。就像曾经"坐在同一张石凳上坦率交谈"，甚至整日闲聊的其他犹太或非犹太男女一样，拉斐尔认为，自己可以信赖同这些彼此熟识的邻里之间的密切关系，他们能够证明他是清白的。所以，当人们指控他在勒莫瓦纳家的那个男孩涉嫌被绑架期间穿着某种颜色的斗篷，并试图以此令他认罪时，他自信地回答说，他的"邻居可以作证，他们从未看见他穿过那种颜色的斗篷"。② 他大错特错。他的邻居们基本上对他毫无帮助，只有住在布雷的那个年轻女佣自始至终都相信他，她还毫不犹豫地答应替他秘密传递从监狱的窗户传出来的消息。

---

① Simon Schwarzfuchs, *Un obituaire israélite, le Memorbuch de Metz*, (Metz.AD Moselle) 1971, notices 430, 468, 827.犹大·莱卜（又名利翁）生于1655年，很可能生活在布雷，1721年死在梅斯，他娶了一个名叫罗塞特（Rosette，意第绪语写作Reizele）的女子为妻。他至少有一子，取名拉斐尔，还有一个女儿，取名布兰莱（Blumele，即"小花朵"）。反复使用"哈韦尔"一词来称呼拉斐尔·利维，似乎是为了把他描述成一个遵守"哈韦卡"规则的犹太人。在德国，从14世纪开始，"哈韦尔"的称谓就"表示正式承认《托拉》的教诲"。参见"Haver"，*Encyclopaedia Judaica*, vol. 7, p. 1491.在AIU保存的原稿中，拉斐尔·利维仍旧被明确地称作"哈西德"，即虔诚的犹太人。这两个称谓都证明他严格遵守犹太律法。

② AD Moselle.B2144.拉斐尔·利维的审判档案。在本书的余下部分，我的研究几乎全部是基于这些审判档案，在详引原文时将只注明审判日期，不再说明档案编号。

\*

布雷的居民虽然住在相互独立的房子里面，但城镇街道都是十分狭窄的小巷，所以大家距离很近，彼此熟知对方的事情。他们密切关注村子里发生的一切，尤其是那些新的或不寻常的事情。附近的其他村庄也是如此。因此，"赫尔犹太人的邻居"让·普兰"看到并听到一些犹太人在那个热代翁（热代翁·利维，他住在赫尔，是拉斐尔的熟人）的家里整夜"争论不休"，而"房子挨着热代翁家"的让·雅凯"好几次听到"来访的"其他犹太人"说的话，保罗·于勒则观察到，"来自梅斯和布雷的犹太人络绎不绝地出入那个来自赫尔的热代翁·利维的家，甚至在夜间也不停歇"。在这些小村庄，由于住所相邻和生活方式的原因，想避开邻居是不可能的。有时，这种近距离的观察会放大异常行为的可疑程度。我们将会看到，热代翁·利维的邻居根据各自对其所作所为的观察，理直气壮地对他展开攻击，而这些行为都被解释成他有罪的证据。事实证明，熟识并不能克服偏见。例如，保罗·于勒的妻子玛丽·罗耶在审判中表示，"她不想成为她的犹太邻居的朋友"，而这个邻居就是热代翁的妻子，她们经常坐在同一张长凳上闲聊。

同样值得注意的是，许多妇女对拉斐尔怀有强烈的敌意，并在起诉中扮演了关键的角色。同她们的丈夫相比，她们似乎对带着"东方"长相的犹太人的古怪之处更为敏感。后来的事情证明，一些妇女成为关键的证人，她们的指控往往异常激烈，拉斐尔有罪的证据大部分都来自她们。她们毫不犹豫地挑起仇恨，或是不断重复令人生厌的证词，因为这些证词总是带着敌意和偏见。她们的攻击性推动审判向前发展。证词自相矛盾时，她们会暂时卡壳，但很快就忽略自己的错误，继续进行坚决的指控，而丝毫不觉得难堪。

伊多特·夏邦杰就是其中一个典型的妇女。她是一个女屠宰商，也是关键证人。她声称看见拉斐尔骑马进入梅斯，马背上驮着一个孩子。但实际上，她刚生完孩子，不可能从她的窗户看到路人。玛丽·罗耶是另一例子，她远比她的丈夫更具攻击性。我们后面还会看到，玛格丽特·克洛斯和克莱门斯·帕奎因完全凭空编造了施瓦布事件。事实上，有九个妇女曾在日常生活中经常同拉斐尔碰面，却在案件中特别起劲地指证他的"罪行"。

同时，也是在这些妇女的指控当中，种族偏见最为明显。例如，伊多特·夏邦杰作证说，她在拉斐尔的马背上看到的那个小男孩长着金色的头发，而犹太人的头发是黑色："他是个漂亮的孩子，一点都不像犹太人的小孩。"她当着拉斐尔的面重复了她的说法，也没有撤回任何指控，但她却很奇怪地补充道，她"说不准携带那个小孩的人是不是被告；她只记得那个犹太人长着黑色的头发，正如她在证词中所说的那样"。玛格丽特·加桑也称那个小孩长着金发。1669年12月2日，她感叹道："唉！一个犹太人带着一个非常漂亮的孩子经过。"她觉得非常奇怪，因为犹太人是"一个长着黑发的高个男子"。她在12月23日十分肯定地作出进一步的指控，说她没有看清"被告的体貌特征"，而"只记得他长着卷曲的黑发，跟被告很像"。当然，人们理所当然地认为犹太人必定长着卷曲的黑发，这是他们作为异类的永恒标志。"东方想象"放大了这种异质性，它强调犹太人和非犹太人之间基本的身体差异，而"无辜的天主教儿童"无一例外地披着金色的头发。这些东方想象令一些证人出现了混乱。一个名叫乌尔丽·库勒尔的证人说，亚伯拉罕·斯皮尔曾告诉她，那个孩子"被埃及人带走了"。试想，斯皮尔是梅斯被同化程度最高的知名犹太人之一，他如何向这个女人透露这样一件事情！

在天主教邻居的想象中，卷曲的黑发是犹太人身份无可置疑的标志。

犹太人独特的习俗和习惯也令他们的邻居感到恐慌——小迪迪埃的父亲的指控就显示，人们认为犹太人很"邪恶"，他们还会使用巫术。尽管在这个时期，魔法信仰正在减弱，但在整个审判过程中，关于犹太人求助于占卜者的问题仍不断地被提出来。例如，那个女佣说，拉斐尔曾告诉她："他的儿子曾去找巫师或魔法师帮忙找那个孩子。"当拉斐尔否认知晓犹太人是否曾向某个占卜者求助时，他本人似乎也证实了占卜者的存在。他作证说："他不知道犹太人是否去找过占卜者，过去布雷曾有一个这样的人，但他现在已经死了。"许多证人都证明存在类似的接触。玛丽·罗耶说："被告的妻子对她说过占卜者的事，她说被告去找过他，占卜者告诉他说找到了一块布。"在这里，占卜者指的是人们找到了小迪迪埃的一块衣服碎片。拉斐尔尽管否认，但他到最后也没能甩掉这项指控。迟至1670年1月16日，他一边遭受严刑拷打，一边被反复问道，他是否去找过那个据称看见了迪迪埃的衣服碎片的占卜者。

　　问：为什么有人写信给你，让你在前往刑事审判庭时把一小截稻草含在舌头底下，并说一些未被翻译成法语的话，它们是不是咒语和咒术？

　　答：的确有人给我送来那根稻草，但我把它扔了，从未使用过；那些话不是咒术，而是祈祷，它们或许有助缓解酷刑带来的疼痛。

　　问：负责为你辩护的犹太人是否找过占卜者，让他帮忙找那个小孩在哪里？这样做是什么意思？他们当中是否有占卜者？

　　答：我不知道那位犹太人是否去找过占卜者，过去布雷曾有一个这样的人，但他现在已经死了。

　　因此，拉斐尔被指控使用"咒术"，特别是因为他承认收到过那根稻草，虽然他声称从未使用过它。当检察官要求他解释他用希伯来文写的一段话——"犹太人我，活犹太人，犹太人活，死犹太人，犹太人死"——的涵义时，拉斐尔向检察官保证说，这不是"咒语"，而只是祈祷，那些话"不是咒语，而是祈祷，它们或许有助缓解酷刑带来的疼痛"。就在同一天，热代翁·利维也被严刑拷打，并被反复询问是否找过占卜者帮忙找小迪迪埃的衣物。这是一个至关重要的问题，因为热代翁入狱的原因是，就在人们找到迪迪埃的衣服碎片之前不久，有人在格拉蒂尼的森林里看到过他，因此他被怀疑把那些碎片带到那里，以帮助开脱拉斐尔的罪名。面对这个问题，热代翁以上帝之名发誓，坚决否认去找过占卜者。邻居们怀疑犹太人会使用巫术和咒术。这种与令人恐惧的魔法行为的联系，令犹太人如同过去的女巫一样受到孤立，尽管他们平日里也同犹太社区以外的人来往。

尽管有这种空间甚至社会的接近性和熟悉度，但事实上，所有的事情都把布雷、赫尔和梅斯的犹太人与他们的非犹太邻居隔离开来。他们属于独立并且相互竞争的社会群体，他们的文化范式也截然不同。在17世纪的法国，犹太人仍然是一个独立、同质、族内通婚的群体。在这场悲剧牵涉的人当中，有一些人通过家族纽带联系在一起：拉扎尔·维斯塔是迈耶·施瓦布的外甥，马克·维特利希是他的女婿。由于犹太人被禁止从事大多数职业，所以他们与基督教邻居的一个区别，是很多人都从事与商业和金融有关的活动。出现在该案各个阶段的人全都从事类似的职业。住在梅斯的迈耶·比利耶是个贩马商，拉斐尔·利维也做这种生意，某个姓兰伯特的人（名字不详）、亚伯拉罕·莫朗格、拉扎尔·维斯塔、亚伯拉罕·斯皮尔也是如此，其中斯皮尔还卖饲料给军队。热代翁·利维是赫尔的屠宰商，商人迈耶·施瓦布也住在那里。商人亚伦·阿尔方住在梅斯。在这些人当中，有好几个是富裕的显要，他们担任居民代表，在有关当局代表犹太人的利益，这些人包括施瓦布、维斯塔、斯皮尔、亚伦·阿尔方，后者的父亲古德绍·阿尔方是梅斯富有的居民代表之一，他担任该职位长达三十多年。因此，由于职业关系，该案中的一些犹太人比他们的非犹太邻居富有，而这些邻居所从事的行业也非常不同。

相比之下，那些指控拉斐尔·利维和迈耶·施瓦布的人则代表了"地道的法国人"（*la France profonde*），他们勤奋、有创造力、吃苦耐劳，但他们不熟悉交换、利益和市场的法则。让·普兰是赫尔村的铁匠，而迪迪埃·蒂克塞朗也在莱埃唐做同样的工作。塞巴斯蒂安·莫罗和让·安贝尔均是格拉蒂尼的泥瓦匠。控告人当中还有两个织布工人，分别是尼古拉·伯梅和安贝尔·布鲁亚尔；还有三个伐木工，分别是住在莱埃唐附近的弗雷德里克·莫罗和克洛丹·马萨，以及住在赫尔的尼凯泽。马丁·屈尼是一名鞋匠（两位辩方证人让·穆塞勒和让·科多尼耶也从事这一职业）。马蒂厄·德芒热是农民，雅克曼·诺兹（又名勒波洛）也是如此。让·克里斯托夫（又名达夫尔）是酒店老板，住在莱埃唐。控告人名单上还有三个匿名的烧炭工人。同样值得注意的是，案件中出现了多名非资深的司法官员：法庭执达吏让·雅凯和法庭记录员尼古拉·热尔戈纳，两人都住在赫尔。另一方面，有些控告人则同他们的被告一样，基本上属于同一个社会圈子：让·马雷夏尔是莱埃唐的屠宰商，雅克·穆瓦特里耶是梅斯的普通商人。让·巴舍莱和安托万·克洛斯坎均是梅斯的裁缝师傅，乌尔丽·库勒尔则是贩马商。只有这人数很少的最后一类人算得上是拉斐尔·利维的竞争对手，他们有可能对犹太人的竞争感到不安。大多数控告人均处在社会底层，他们从事体力劳动，与犹太人应当没有竞争关系。

经济或职业的差异有可能强化邻里之间的依赖关系，他们往来频繁，彼此却是债务人和债权人的关系。这些人可能比邻而居，却保持着独有的身份特征，文化范式也完全不同。在这个刚刚走出中世纪的社会，社会经济联系的种类之多令人吃惊，它们都是在试验的过程中逐渐形成的。这些联系造成了许多几乎不加掩饰的恩怨，甚至是深仇大恨，它们有时源自古老的冲突，却在证人的证言中突然冒了出来。举例来说，1670年1月18日，迈耶·施瓦布反驳了农民马蒂厄·德芒热的证词，他说："该证人是他的死敌，因为被告的姐夫、犹太人兰伯特曾在九年前卖了多匹马给证人，证人当时承诺付钱，后来却没有按照承诺支付那些马的价款，所以被告只得把证人的家具卖掉抵债。从那以后，证人就对被告恨之入骨。"

同一天，迈耶·施瓦布称，对他控诉最激烈的热拉尔·芒若是"他的死敌，因为他不肯借给他抵押贷款，主要是因为抵押品是一件灰色的衣服。因为这件事，该证人甚至数次威胁要打被告"。在同一次对质中，施瓦布称鞋匠马丁·屈尼是"一个小人，只要给他五个苏，他就肯发一百个假誓。有一次，因为索要三十苏被拒，他甚至威胁过被告和他的妻子"。显然，在告发在迈耶·施瓦布家里曾经举行过一场令人毛骨悚然的仪式的人当中，许多人都欠了他的钱，而后来的事实证明，这一告发在利维事件中至关重要，因为它引入了亵渎圣饼的问题。作为被告的迈耶·施瓦布是一个特别富有的居民代表，是一个享有特权的显贵，他不用再戴羞辱性的黄帽，当时正在融入当地社会之中。前述鞋匠、园丁和农民一再指控施瓦布，但他们对他的经济依赖已经影响到了指控的公正性。

在这些造成了利维悲剧的交易网当中，裁缝安托万·克洛斯坎处于中心的位置。仔细阅读庭审记录发现，通过克洛斯坎，两个独立的故事被联系在了一起：一个是勒莫瓦纳家的小孩涉嫌被谋杀，另一个是据称早些时候在迈耶·施瓦布家里举行的不祥集会——据说好些犹太人在这次集会上袭击了一个人形的东西。事实上，克洛斯坎充当了犹太人和非犹太人之间不可或缺的中间人。他处在马匹买卖网络的中心，这些交易同时牵涉到了被告和他们的控告人。亚伦·阿尔方作证说，克洛斯坎"很喜欢喝酒，有时会从他那里买马"。克洛斯坎则指控阿尔方，说在自己被施瓦布打伤后，阿尔方曾想把他带到一所房子里给他包扎伤口。同时，克洛斯坎的妻子告发了另一个贩马商迈耶·比利耶，说他"好几次用他的手帕来擦克洛斯坎的血"。此外，雅克曼·诺兹（又名勒波洛）通过克洛斯坎以赊账的方式从亚伯拉罕·莫朗格那里购买马匹，梅斯商人雅克·穆瓦特里耶则请克洛斯坎去找施瓦布的外兄弟、同为贩马商的兰伯特，以了解对方是否接受他对一匹马的"出价"。因此，所有这些人围绕马匹买卖形成了一个密切的交易网，其主要成员包括若干犹太商人，核心人物是施瓦布事件的英雄克洛斯坎——发生在耶稣受难日的施瓦布事件是利维事件的重要砝码，它使人们愈加相信针对拉斐尔·利维的牲人祭指控是确凿可信的。

加入这个交易网的其他人也为两个事件的合并做出了同等重要的贡献。例如，马丁·屈尼称，迈耶·比利耶曾试图处理克洛斯坎的伤口，并指控施瓦布在他家里举行黑弥撒。此外，马丁·屈尼还曾数次让拉斐尔·利维"卖马给他"，利维说他没有支付马钱，并补充说，此人是"世界上最粗鲁的人"。热拉尔·芒若和马蒂厄·德芒热也以类似的方式攻击拉斐尔·利维和迈耶·施瓦布。尽管这两个案件时间相隔很远，且看似毫无关联，而在利维的审判中反复提及施瓦布事件似乎很不恰当，但我们看到，通过利维和施瓦布所售马匹的买家，两个案件事实上发生了联系。更重要的是，第一个指出在吹角节（犹太新年）发生施瓦布事件的人正是雅克曼·诺兹（他也因为买马而欠债），这一指控使两个事件发生了关联，因为那些"号角"（羊角号）正是拉斐尔·利维前往梅斯的原因。因此，犹太教符号使这两个毫不相关的事件发生了联系：两者都被视作对天主教秩序的攻击，亦即对模范城市梅斯最关键的象征符号的攻击，因为梅斯是最激进的反改革派的大本营。

因此，钱——包括信贷、债务、还款、利息——是犹太人和非犹太人之间的关系的核心。这些不平等的关系是两个事件共同的基础，也是天主教债务人妖魔化他们的犹太债权人的动机，也许他们希望看到他们的债务与债权人一起被抹除干净。日常交往、密切的关系、面对面交易、相互熟识，这些丝毫不妨碍偏见、仇恨和谎言在这个天主教信仰根深蒂固、政局极不明朗的地区广泛传播。在这个距离国家规范还十分遥远的地区，一切都可能瞬间改变。有钱的犹太人无所不能的信念，为漫无边际的谣言提供了肥沃的土壤。证人们不知疲倦地散播这些谣言，也毫不犹豫地揭发犹太显要所谓的伎俩——他们声称这些犹太人想贿赂他们或给他们封口费，以帮助利维和施瓦布。当然，拉斐尔承认曾给那个女佣金钱，但那是为了感谢她帮忙传递消息，而不是收买她作伪证。热代翁·利维也承认，梅斯的犹太人曾经承诺，如果有人能找到那个小孩的尸体，就会给他一百个银埃居，但这是为了证明拉斐尔·利维的清白，而不是贿赂证人。然而，这种坦白却被理解为承认曾用钱来从事所谓的不正当的勾当。

贿赂的谣言不断扩散，尽管它们全是道听途说，没有丝毫的确凿证据。然而，有些证人深信金钱的力量，所以仍对他们听闻的事情坚信不疑。有一些故事利用了深深根植于集体记忆的古老的偏见。当拉斐尔被指控以某种方式眨眼或用手指做某种手势的时候，这些偏见完完整整地重新涌现出来，因为人们历来认为，犹太人在利用金钱进行某种令他们获利的交易时，就会做这种特殊的手势。由此我们进入了传说、迷信和臆断的世界。例如，在1669年11月的庭审中，让·巴舍莱说："听说犹太人付钱给一个骑兵，让他不要说不利于利维的话。"安妮·加德莱"听骑兵们说，犹太人答应付钱给一个叫皮亚尔的骑兵，作为封口费"。同样，安妮·威勒贝尔"听说拉斐尔的儿子给了那个骑兵好处"。随后，让·普兰也"从乔治·曼金的妻子芒若特那里听说，热代翁·利维和梅斯的犹太人给他们三十个皮斯托尔，让他们帮找那个孩子"。尼古拉·热尔戈纳"从让·贡德勒古那里听说，赫尔那个名叫热代翁·利维的犹太人曾答应给贡德勒古一笔钱，让他去找那个孩子"。还有，让·巴舍莱"从犹太人贝内迪克特·奥尚布尔格那里听说，他曾和马克·维特利希一起出钱给一些农民，让他们去找那个孩子"。贡德勒古于1669年12月2日作证：他在吕克村遇到一个赫尔犹太人，他不知道对方的名字，但他认识这个人，因为他经常看到他。那个犹太人让他"去找那个孩子的衣服碎片或遗体，他会给他满意的报酬，对此他回答说，他不想要任何东西。他还听说拉斐尔的儿子告诉那个骑兵说，他们家里所有的东西都归他"。酒商乔治·奥贝坦的妻子玛格丽特·让娜坚称，从梅斯来了两个犹太人，骑着马。她不知道他们的名字，也很难辨认他们是谁。他们告诉她，如果她丈夫能找到某样东西，他们就会给他二十个金路易。正如我们所见，在这个比邻而居、邻里关系密切的狭小世界里，犹太人仍然都是一些无名氏：他们的邻居经常见到他们，却总记不住他们的名字。

在与利维案件有关的众多证言中，我们还发现，有些谣言牵涉到了这些狭小的邻里社区以外的人。1669年11月19日，一个名叫皮埃尔·默尼（又名拉里）的骑兵说"另一个叫圣马里的骑兵说，同一个军团里有一个叫佩耶的骑兵战友曾告诉他，那个犹太囚犯通过他的战友传话给他说，只要他保持沉默，他就会得到想要的一切"。这种东拼西凑、含混不清的推测，到处传播却毫无根据的谣言，捕风捉影、不知出处的闲谈，全都被法官当作无可辩驳的证据加以信赖。1670年1月29日，检察官表示，他相信犹太人"想收买证人或妨碍证言"。他还说，犹太人甚至"廉价卖掉他们的财物，把所有的东西变现，以欺骗曾经给他们抵押品或现金的基督徒"——后来最高法院也重复了这个臆断。

因此，地方最高当局也加入了声讨金钱的力量的行列，因为犹太人用钱来"欺骗基督徒"，收买他们的灵魂并磨蚀他们。按照这个逻辑，金钱最后甚至等同于犹太人让基督徒流的血——这是犹太人用冰冷的现金换来的，马丁·屈尼就声称，犹太人曾出钱给克洛斯坎，但他回答说"他绝不卖自己的血"。克洛斯坎处在所有这些阴谋的核心，他明明白白地确认了这种许多天主教徒信以为真的联系，最终导致犹太人（利维）被判处极刑。显然，邻里关系并未改变任何事情。事实证明，相互熟识、商业关系以及它们所隐含的信任，这些基本上一文不值，一旦牲人祭的指控再度出现，深深根植于集体记忆的偏见就重新被激活，并无可挽回地把犹太邻居打入命运的深渊。

# 第三章　犹太社会和犹太人的精神世界

　　根据总督杜尔哥1698年的报告，梅斯的犹太人"非常虔诚，他们恭谨严格地履行宗教仪式，从周五晚上到周六晚上一直遵守安息日的礼仪，在此期间，即使有再紧迫的事情，他们也放着不管，甚至包括礼拜相关的事情。他们任何工作都不做——事实上，他们停止了所有交易，并遵守所有其他的节日、斋戒和仪式"。犹太社区遭到邻居敌视。这个社区遵守自身的法律和传统，丝毫不能容忍忽视社区规则的任何行为。梅斯的犹太人和布雷的犹太人联系密切，他们同样严格遵守自己的仪式。他们居住在狭窄肮脏的圣费鲁瓦区，在星期日和重要的天主教节日等场合，他们被禁止离开犹太人聚居区，因为在天主教看来，他们在这些场合出现本身就是一种罪行。宗教是他们的价值观的核心。严格遵守每天祈祷和饮食限制的规定，决定了他们的存在方式。

　　长期以来，这种对祖先传统的忠诚一直形塑着犹太社区的生活。在发生利维事件差不多30年后，1699年，一个非常正统的犹太人格鲁凯·哈梅林从汉堡嫁到梅斯，她十分景仰这座城市，因为它拥有"恭谨虔诚的社区……所有的帕纳斯（选举产生的社区领袖）都是最值得尊重的男性。这里从来没有人戴假发，也从来没有人把犹太人之间的纠纷起诉到非犹太人的法庭。"[1] 这是哈梅林在回忆录中对梅斯当时的宗教氛围所作的描述。这里的犹太社区聚集在来自维也纳和布拉格的"博学"的拉比周围，他们的小孩都送到犹太学校接受教育。她之所以搬到梅斯，是为了跟一个有钱的居民代表结婚。虽然后来这个居民代表破产了，但这场婚姻仍使她得以进入犹太名流的封闭圈子，尤其是在她的女儿艾斯特嫁给迈耶·施瓦布的孙子莫伊斯·施瓦布之后——受利维事件牵连，迈耶·施瓦布曾被指控在耶稣受难日组织了一场嘲弄基督受难的可怕仪式，因而遭到关押。[2]

因此，哈梅林很快就熟悉了梅斯犹太社区的历史，当时利维事件尽管已经过去了快30年，但关于事件的记忆仍令犹太社区难以释怀。她对于身边富有的犹太人圈子的热情描述并不能准确地反映犹太社区的现实，因为那里的很多成员都生活在贫困线上下。尽管如此，她的回忆录仍向我们呈现了"清教徒式的犹太人生活的肖像"，它准确地反映了族内通婚这一正统犹太教徒圈子的习俗，他们明显形成了一个"虔诚"而"神圣"的社区。[3] 稍晚时候，阿贝·格雷瓜尔进一步描述说，"他们（梅斯的犹太人）获准保留大部分习俗，因为他们的宗教影响了法律的各个方面，一直到公共秩序的最微小的细节"。当他说"没有居民代表……就没有犹太社区"的时候，他想到的也是梅斯的犹太人。他还预测说："犹太人将不得不学习本国语言……用

---

[1] *Mémoires de Gluckel Hameln* (Paris:Editions de Minuit, 1971), pp. 216-225 and 246. 参见Natalie Zemon Davis, *Juive, catholique, protestante.Trois femmes en marge au XVIIe siècle* (Paris:Le Seuil, 1997), pp. 17-79.亦参见Judith Baskin, "Jewish Women's Piety and the Impact of Printing in Early Modem Europe", in Margaret Mikesell and Adèle Seeff, eds., *Culture and Change:Attending to Early Modem Women* (London:Associate University Press, 2003).巴斯金强调，格鲁凯发现梅斯的犹太社区非常虔诚。

[2] Simon Schwarzfuchs, *Un obituaire israélite,* no. 611.

[3] 历史学家并不完全接受格鲁凯的说法。参见Robert Liberies, "She Sees That Her Merchandise Is Good and Her Lamp Is Not Extinguished at Night:Glikl's Memoir as Historical Source", *Nashim* 7 (spring 2004), p. 18.亦参见Gérald Cahen, "Les Juifs de Metz du temps de Gluckel Hameln 1700-1724", http//judaisme.sdv.fr:histoire/villes/metz/gluckel.htm.

当地语言进行宗教仪式与他们的原则并不矛盾。"① 从这些评论可以明显看出，一直到18世纪，梅斯的犹太人都得以保留他们的正统社区。

梅斯犹太人是一个独立的社区，他们特殊的信仰和习俗保证他们免受周围不断变化的文化的影响，尤其是法国和德国的启蒙运动，尽管它们后来导致欧洲的犹太教发生了根本的转变。虽然犹太启蒙运动很晚才影响到梅斯，但在1666年，即拉斐尔·利维被逮捕之前三年，梅斯的犹太人"并没能避开假弥赛亚萨巴塔伊·泽维之后席卷欧洲所有犹太社区的弥赛亚热潮"②。虔诚、定期宗教研习、极其严格的性道德，加上群体的团结、民族历史和诚实的商业关系带来的凝聚力，共同塑造了犹太人的精神世界。宗教与世俗领域并无区分。犹太人的教育仍然保持着严格的宗教特征。从根本上说，这种教育就是学习希伯来语、《圣经》和《塔木德》的入门知识，但年轻人直到1690年才需要进入犹太学堂。梅斯和布雷的犹太人使用的是一种以希伯来文字母书写的意第绪语③，它有可能会限制犹太人与非犹太人邻居之间的交流。④ 后面我们会看到，审判过程中将出现基本的翻译问题，并对审判结果产生重要的影响。

审判过程将向我们展现梅斯和布雷犹太人日常生活和价值观的许多方面。证人证言透露出思想和行为的习惯，从中我们可以看到传统给最卑微的个人套上的许多条条框框。我们已经看到，拉斐尔·利维是一个崇信《托拉》的虔诚的犹太人，他还是一个哈韦尔，尽管他本人并非学者。他虽然像受尊敬的人那样被封为"拉比"，但这仅仅是因为他的智慧和严于律己，因为他积极参与狭小的犹太社区的生活，关心别人，因为他的英雄

---

① Abbé Grégoire, *Essai sur la régénération physique, morale et politique des Juifs* (Paris:Flammarion.Champs, 1988), pp. 150 and 153.

② Meyer, *La communauté juive de Metz au XVIIIe siècle,* pp. 83-85.

③ 德语和希伯来语的混合语。——译者注

④ Cahen, "Les Juifs dans la région Lorraine", p. 114.

主义。他仅仅是一个贩卖牲畜的商人。他肯定也像这个时期的许多犹太男孩一样，曾经在犹太学堂上学。

在审判期间，法庭书记官把他的证词记录下来，让我们得以更好地了解他的个性。但凡签署确认他的证词时，他一律使用希伯来文 "Rafael bar Yitzhak Ha-levi"。迈耶·施瓦布同样使用希伯来文签署："本人，哈韦尔亚伯拉罕·施瓦布之子迈耶，签署确认上述证言。"安托万·克洛斯坎的妻子克莱芒丝·帕奎因是最狂热的控告人，但她不会写自己的名字，所以他也以同样的格式使用希伯来文代替她签署："上述被告代上述证人签署，因为该证人不会写字。"所有作证的犹太人（如亚伦·阿尔方和迈耶·比利耶）都使用希伯来文签署，其中比利耶的签署方式较为正统："Meir bar Yakov Yimiha z'l Birier，签署确认上述证言。"热代翁·利维（他出现在以犹大·勒布这个常见的名字出版的匿名日记中）也以希伯来文 "Yuda Levi" 签署，而在受刑时，他"以亚伯拉罕、以撒和雅各的神保证并发誓，他所说的全部属实"。每一次，书记官都细心地记录道，证人在庭审中"按照犹太人惯常的方式发誓"，或是"以他那个民族的人惯常的方式发誓"。犹太妇女也跟她们的丈夫一样，西比耶·泽是迈耶·施瓦布的妻子，她"按照犹太人习惯的方式"发誓。

但我们不知道这些犹太人是否真的通晓并在他们中间使用希伯来文，也不知道他们是否真的能够阅读、理解和注释希伯来文本。拉斐尔·利维为人谦虚，他知道自己学识有限，也承认自己无法引用希伯来文本来证明犹太人并未为了举行宗教仪式而绑架小孩。为了弄清这种迷信的真正源头，他在1669年12月18日作证说："得问比他更有学问的犹太人。"他承认自己的希伯来文知识相当粗浅："他说，他看得懂（文字），但不会解释。"但另一次，当被要求解释他写在纸条上的一句神秘的话——"犹太人我，活犹太人，犹太人活，死犹太人，犹太人死"时，他说他的确看得懂、也会写希伯来文。在表达最后的愿望时，他说："我生为犹太人，死也要做犹太人。"更常见的情况是，他写纸条时使用的是以希伯来文字母书写的意第绪语（偶尔也用希伯来文单词）。他的法语是否流利？可以肯定的是，对他有好感的那个女佣曾听到他对他的儿子讲法语。但在向最高法院上诉时，他自称"不完全懂法语"。意第绪语似乎是他更为自然的语言。根据法庭书记官的说法，在遭到严刑拷打时，热代翁·利维曾"用德语喊上帝的名字"。至少在签署各自的证言时，拉斐尔和他周围的人会系统地使用意第绪语、法语和希伯来语。但很显然，想更深入地探索他们的语言世界是十分困难的。①

从1669年10月14日的第一次审讯开始，拉斐尔·利维就坚称自己严格遵守犹太教的节日，并试图以此证明自己的清白。在提供自己的姓名和居住地址之后，他立即表示，他去梅斯"只是为了去拿一只号角（shofar，即羊角号），用于在那个叫作布雷的村庄庆祝犹太教的吹角节（Rosh Hashanah，即犹太新年），这个节日就在第二天，从星期三晚上五点钟开始"。他围绕着庆祝吹角节精心安排他的时间，因此他很清楚节日确切的开始和结束时间。他相信，严格遵守宗教时间表就是其清白的明证。他不可能在案发时间出现在案发地点，因为作为一个深受犹太传统影响的犹太人，他的日程安排已经被筹备节日庆祝的事情严格限定。他到最后一刻都还紧紧抓住这个辩护理由，以反驳证人的指控，因为他们说他在不同的时间出现在不同的地点，以绑架和杀害勒瓦莫纳家的小孩。他在整个审判过程中反复坚持自己遵守犹太节日，并以此作为他所有的辩护理由的依据。比如在审讯中，当被问及他怎么知道自己是在四点钟之前抵达布雷时，

---

① 由于缺乏材料，我们无法更准确地分辨犹太德语和意第绪语的阿尔萨斯方言或一些其他方言之间的差别，也无法分辨德系犹太人的德语发音。有关这些问题，参见Frank Alvarez-Péreyre and Jean Baumgarten, eds., *Linguistique des langues juives et linguistique générale* (Paris:CNRS Editions, 2003).

他说："他们那天的吹角节在五点钟开始，所以那个时间他不敢在乡间逗留。"①

因此，从审讯一开始，拉斐尔·利维就为他到梅斯的短暂旅行给出了准确的答案。他去那里买一只节日用的号角，而节日将于晚上五点钟在布雷的犹太教会堂开始。他还打算带些鱼和酒回布雷。他说，磨坊主的马和他儿子的马各自驮了十到十二桶酒。他自己的马只驮了两桶，因为他离开得比他们晚，这样他才能确保在途中赶上他们。因此，购买号角以及新年公共宴会所需的大量的酒，证明了他的宗教虔诚和对仪式的服从。在他看来，这是无可辩驳的证据，足以令他摆脱荒谬的牲人祭指控。

几天后，10月24日，第二次审讯时，利维重复了同样的故事，并提供了更多的细节。当被问及为什么去梅斯时，他回答说，"他去那里买节日所需的两桶酒和一只号角"。他补充说，他把号角"装在衣服口袋里，它从他的外衣底下伸出来大约四分之三英尺"。当被问及他是否用斗篷罩住它——这是一个关键的细节，因为人们怀疑他把那个小孩藏在斗篷底下——时，他说："没有，他们在庆祝仪式中使用的号角最多只有一个梅斯奥内（四分之三码）长，号角是用羊角或鹿角做成。"②

利维显得对号角十分了解，它的声音增强了极其庄严的犹太新年的仪式感。他在描述号角的细节时十分自如，因为他相信，他口袋里装的是号角，这就足以洗清他的谋杀嫌疑。为了使辩护理由更加充分，他还指出："所有的犹太人都应该留在城里。那天被告如非必须主持仪式，他本来也应留在城里。"在被执刑前不久，1670年1月16日，在遭受最极端的酷刑时，他又重复了这句话："如果他确曾返回城里，那他就会留在那里，因

---

① 还要注意贡德勒古借钱时热代翁·利维的反应。1669年12月2日，他回答说："我没钱。今天是安息日，我不能给你钱，但梅斯的犹太人会认得你。"

② 一个梅斯奥内相当于0.67米。

为要过吹角节。节日从当天晚上五点钟开始。无论出于何种原因，他都不希望在那个时间待在乡间。"他并不知道，无论他说什么，审讯人都会怀疑。他反复说："他确实没有下马，因为晚上五点钟就要开始过节了，他没有时间。"因此，他不可能绑架那个小孩，他根本就没下过地，因为他急于赶回布雷，村里的犹太人都在等他。他虔诚的信仰以及他在正统社区内稳固的地位，都被他当作自身清白的证据。

利维相信自己已经完全融入所在的社区，并认为他能够依赖这种社区联系渡过眼前的巨大危机。他完全信赖"掌管着犹太社区"的犹太显贵。他信赖他的"朋友们"，他明确提到名字的人包括迈耶·施瓦布和梅斯唱诗班的领唱萨洛蒙，并期望得到他们的支持和帮助。他还与特里夫和梅斯的犹太人保持密切的联系，前者"来向他买牲畜"，后者则经常与他碰面。在梅斯的时候，他总是住在萨洛蒙家里，萨洛蒙也是正统社区的核心人物。利维希望借助这些关系摆脱纠缠着他的噩梦。毕竟，作为洛林人，他原本可以拒绝法院的传票，不用到梅斯去，而是安全地留在处于梅斯法院管辖范围之外的布雷。但他毫不犹豫地回到梅斯，因为他认为那是他对社区的责任。他确信可以轻松地证明自己的清白，他要确保他的社区成员不会因此蒙羞。作为社区的一员，他信赖教友们会团结一致。事态的发展令他对教友们的懦弱深感失望。但实际上，一些犹太人曾到法兰克福敦请皇帝干预[①]，另一些犹太人曾数次面见检察官和首席法官，要求尽快结束审判，他对这些都一无所知。他也不知道，几个朋友曾经努力寻找小孩的尸体，希望以此证明他的清白——虽然最后证明这是徒劳。[②]

---

① 1612年，马蒂厄皇帝（Emeror Mathias）曾出兵平定法兰克福的反犹暴动，文森特·菲特米尔茨是暴动的首领。参见Riuka Ulmer, *Turmoil, Trauma and Triumph:The Fettmilch Uprising in Frankfurt am Main* (1612—1616) (Berne:F. Lang, 2001).

② 引自无名氏梅斯犹太人的《日记》（*Archives Israélites*, August 1841, pp. 484-485）。因此，我们无法完全同意伯恩哈德·布鲁曼昂兹的说法，他认为"在该案中，梅斯犹太人未能表现出犹太人的团结"；*Histoire des Juifs en France.Ecrits disperses*, p. 54.

审判的最后，拉斐尔·利维觉得自己被无情地抛弃了，这时他已经预感到自己将被处死。在第十张纸条中，他用无助的语气写道："为了社区，我让自己陷入如此悲惨的境地。"他在1670年1月7日给典狱长写一封感人至深的信，当中也出现了同样的话，这封信最后是这样写的：

> 请帮助我脱离这个悲惨的处境。我很惊讶，我竟无法同我亲爱的妻子和孩子说话。因为我希望确保……我亲爱的好妻子和我的孩子们不至于挨饿，所以我要像以色列的儿子那样赴死，以圣洁神的名。我的女儿卜莉梅莱已经订婚，我只要求让她完婚。为了社区，我让自己陷入如此悲惨的境地。伟大的以色列的神会帮助我，我渴望获得犹太教的葬礼，否则我不会宽恕任何人。

最后一天，当地名流塞利格曼和一位名叫藏维耶的拉比到监狱看望拉斐尔·利维。他们的谈话内容我们不得而知，但很容易想象孤独给利维带来的苦楚，因为他毫不犹豫地为社区作了牺牲。谈话似乎很快就结束了，因为他懦弱的教友们担心自身的安全。我们不知道，拉比永·弗伦克尔——当时负责梅斯社区的伟大的犹太教法典专家——有没有代表利维与当局交涉。没有证据可以支持这种判断。根据一个不知名字的梅斯犹太人所写的日记，我们只有知道拉斐尔"流泪，祈祷，然后戴上他的经匣"。另一方面，有证据表明梅斯和周边地区的犹太人曾努力寻找那个小孩的尸体，以证明利维的清白。为了一个成员的命运，他们通过行动结成统一的"共同体"。热代翁·利维爽快地承认，马克·维特利希和贝内迪克特·奥尚布尔格——他们都是梅斯的犹太人，他只称呼他们的名——"告诉他，他们承诺，任何人只要找到（尸体），就能得到100埃居，（这笔钱）将由梅斯的犹太人提供"。他承认，他曾答应给伐木工尼凯泽和赫尔的乔治·曼金100个银埃居和30个皮斯托尔。他也没有否认曾经出钱给让·贡德勒古，让他去找那个小孩，同时告诉他"什么都不要说"。

此外，在审判过程中，乌尔丽·库勒尔（Ourlry Coureur）表示，有人告诉他说，如果他帮忙找到勒瓦莫纳家的小孩，"社区就会帮助他和他的家人"。热代翁·利维的妻子也没有否认，有人曾给占卜者一个银埃居，"费用全部由犹太社区承担"。该证言证明犹太人并非无所作为。事实上，他们试图找到那个小孩，以反驳牲人祭指控，并证明拉斐尔·利维的清白。他们当中许多人都参加了搜寻，并答应出钱让最熟悉那片森林的人帮忙。当然，他们的努力有可能反而对拉斐尔不利，因为在审判过程中，犹太人被指控试图毁灭证据，并出钱让证人保持沉默。无论如何，热代翁·利维、维特利希和奥尚布尔格等犹太人似乎已经竭力帮助拉斐尔·利维，尽管冒着被指控妨碍司法和毁灭证据的风险。在牢房内备受折磨的利维显然对此一无所知。他彷徨无助，灰心绝望，觉得自己被抛弃了。他不愿原谅别人，这很容易理解。他永远不会知道，根据国务会议1670年4月18日的记录，梅斯的犹太人作了如下声明：

> 上述请愿人原打算对该案保持沉默，因为他们无意替外来的犹太人辩护，尽管该判决也对他们造成伤害。然而，他们的敌人却企图利用控诉拉斐尔·利维的证言来压迫和毁灭他们[1]。……他被投入地牢，已经在那里受折磨三个多月，尽管指控他的证据并不充分。……主要的请愿人当中，有一些人遭到监禁，却没有人告诉他们被拘禁的原因，其他人正在逃亡，以避免受到同样的对待，因为在当今的梅斯，仅凭犹太人的身份就足以受到指控和定罪。

因此，"上述请愿人"——包括迈耶·施瓦布在内——都在冒险帮助拉斐尔·利维。他们绝非无所作为、漠不关心、胆小怯懦。但我们不能

---

[1] 此句引文与第七章同一出处的引文有所不同。——译者注

想当然地认为这种凝聚力也适用于"外来的犹太人"，尽管他通过商业往来与梅斯社区建立了密切的联系。对他们来说，拉斐尔·利维仍然是一个"外来的犹太人"。根据证词，他们宁愿"对该案保持沉默"，尽管对他的判决"也对他们造成伤害"。然而，由于敌人威胁要"毁灭"他们，他们不得不站出来公开主张拉斐尔的清白。可惜拉斐尔本人永远都不会知道这些。

被控人在最后写给典狱长的信中公开表达了他的虔诚信仰，以及他为严格的正统犹太教和犹太社区献身的愿望。他说，他赴死的方式要符合"以色列之子"的身份，并要求给予他"犹太教的葬礼"，只有如此，他才会宽恕自己所遭遇的不公。在通过女佣从狱中递出的第九张纸条末尾，拉斐尔写下了前面那个谜一般的句子，从中可见他近乎神秘的投入和热情："犹太人我，活犹太人，犹太人活，死犹太人，犹太人死。"1669年12月18日，他们要求他解释那些话是什么意思，有没有可能是"去除酷刑之痛的咒语或符咒"，他说"不是，那是祈祷语"。拉斐尔通过祈祷来忍受反复的酷刑。当他的双腿在"普通"酷刑的过程中被打折时，他"哭喊着神的名，称自己所说的全部属实"。施刑者继续施加"特殊"的酷刑，他们在他脚上绑了更重的东西，把他吊起来，再让他迅速坠落，"以免他被折磨至死"。尽管如此，拉斐尔仍然"说他不想让自己的灵魂坠入地狱，他想上天堂，他所说的都是真话"。

在如此悲惨的处境下，利维的犹太教信仰成为他的精神支柱，让他能够面对他所遭受的指控。1670年1月7日，他对检察官大发雷霆，并称之为"欧曼"（Homan）。当天晚些时候，他说那是"男人"（homme）的意思，但他或许指的是阿曼（Haman）？根据《以斯帖记》的记载，此人曾威胁犹太人民，在犹太人传统中是恶人的典型。这可能暗示着阿曼与基督之间的联系，因为绞死阿曼所对应的是天主教的复活节，而不是犹太教的普林节。这种对应方式改变了事件的时间顺序：谋杀案据称发生在吹角节前夕，但要完全明白这宗案件的所指，我们首先必须弄清楚审判迈耶·施瓦布等人的重要性——正如前面所说，这些人被指控在迈耶·施瓦布家里举行了一场离奇的仪式，时间是在耶稣受难日。

当检察官数次要求拉斐尔解释这场仪式的含义时，它在审判中的重要性就逐渐凸显出来——它暗示耶稣受难日、普林节和赎罪日之间存在某种联系。因此，拉斐尔把那位不遗余力地要将他置于死地的无情检察官比作当代的阿曼，也就在情理之中。在一篇著名的短文中，塞西尔·罗斯提醒人们注意普林节和耶稣受难日在某些年份相重合的现象："因此，传统的犹太狂欢节——这是犹太历法中唯一允许在一定范围内的玩乐放纵的场合——有时恰好与基督教一年当中最严肃的时段相重合。"[①] 在这种情况下，基督徒可能会误以为庆祝普林节实际上是对基督受难的亵渎式的戏仿，从而证明犹太人所谓的牲人祭偏好。基督徒之所以相信阿曼这个常见的嘲弄对象代表了基督，其根源可能就在这里，因为犹太人庆祝阿曼之死的节日，在某些年份恰恰也是基督徒纪念基督受难的日子。[②]

拉斐尔·利维就生活在这样的文化之中。从这种文化最深微的所在，他或多或少猜到了这场审判即将揭示的东西，即在日历的不同时刻之间存在混淆，特别是在基督教的耶稣受难日和复活节——这些节日也是发生所谓的牲人祭的时间——与犹太教的逾越节和普林节之间，因此他把迫害他的人视作当代的阿曼。

一直到最后，拉斐尔都公开宣示忠于他的犹太身份，并毅然拒绝了陪

---

① Cecil Roth, "The Feast of Purim and the Origins of the Blood Libel Accusation", *Speculum,* 8(4) 1933, pp. 520-521.

② 参见一则仅署名为"E. W."的重要记录："The Crucifixion of Haman", in the *Journal of the Warburg and Courtauld Institute* 1 (1937), pp. 245- 246.参见以色列·雅各·尤瓦的评论，*Two Nations in Tour Womb*, pp. 166ff.亦参见E. Horowitz, *Reckless Rites:Purim and the Legacy of Jewish Violence* (Princeton:Princeton University Press, 2006).

他走向火刑柱的神父让他改宗的建议。在最后时刻，1670年1月17日，拉斐尔·利维当着王家检察官的面叫道：

> "啊！阁下，我完了。"我建议他应当改宗，并考虑遵照本市的达拉神父、嘉布遣会修道院院长和他的同伴的忠告，以拯救他的灵魂。他以愤怒的语气回答我，并以神的圣名发誓说，即便是在遭受酷刑的时候，他也没想过把他所知道的一切和盘托出，以免令许多人尴尬。最后他说："没关系，我生是犹太人，死也要做犹太人。"

我们永远无法得知，当拉斐尔·利维说他不想令许多人尴尬的时候，这个奇怪的表述究竟是什么意思。我们只能重申他坚定的信心和牢固的信仰，这促使他当着迫害他的人和他的教友的面"愤怒"地表达了死也要做犹太人的愿望，如若不能，他将拒绝宽恕任何人。他不止一次愤怒地拒绝改宗。路易·阿内是利维的纸条翻译者之一，他原本是犹太人，后来改宗基督教，并且非常奇怪，他原来的名字也叫作拉斐尔·利维。路易·阿内对那些纸条若干段落的翻译存在争议，他的翻译证明拉斐尔有罪。拉斐尔拒绝接受他的译法，理由是他"不可靠，因为他曾经信仰犹太教"，后来却因为改宗而背弃了这种信仰，他因此成为潜在的敌人，而他的翻译也不可避免地反映了他的敌意。①

这是一个犹太人与改宗者比邻而居的狭小圈子。改宗者包括了两个翻译员，他们负责把拉斐尔的话翻译成可以理解的语言，却为了迎合控方的案情而故意歪曲他所写的纸条。利维愤怒地拒绝改宗，并表明他忠于犹

---

① 第二个翻译保罗·迪·瓦利耶也支持不利于拉斐尔的译文。他也是一个改宗的犹太人，原名叫马尔多沙·瓦利克，是梅斯的犹太医生的儿子。参见Meyer, *La communauté juive de Metz*, p. 84. 正如海因因里希·格雷茨所说，迪·瓦利耶变成了"一个邪恶的人，一个叛徒"。参见*History of the Jewish People* (Philadelphia:Jewish Publication Society of America, 1949), Vol. 5, p. 175.

太民族。他对妻子和儿女的忠诚给了他坚持到底的力量，而他也曾多次提到他们。按照犹太传统，家庭是最为重要的社会关系，利维自始至终都十分关心妻子的命运和已经订婚的女儿卜莉梅莱的未来。他希望她能如期完婚，以确保传统代代相传。在谈到他已经订婚的女儿时，他本能地选择了kalle（或kalla）这个词语——这也证明他至少懂一点希伯来文。正如他自己所说："kalle是妻子的意思，他之所以提到这个词，是因为他女儿已经订婚。"此外，我们从梅斯的《犹太要人殉亡录》得知，卜莉梅莱后来确实结了婚，并生儿育女，而且按照犹太传统，其中一个女儿被命名为卜莉梅莱，这也是她的祖母即拉斐尔的妻子的名字——她尽管遭受不幸，却仍确保了名字的代际传承。

　　一位无名氏犹太人的日记指出了拉斐尔在审判过程中的行为所具有的宗教含义。他告诉我们说，在受刑过程中，"当他因为巨大的痛苦差点昏厥的时候，他们试图让他喝点酒，好让他振作起来，但他拒绝了，因为酒不是犹太人的清洁食物"。拉斐尔带着尊严走到火刑柱边，行刑人准备放火焚烧堆在他周围的木柴，他取下受害者的经匣，[①] 这个"虔诚的人"希望带着它面对死亡。"事情就这样结束了。"这位无名氏犹太人宝贵的日记继续写道，"蒙神庇佑，读到'他出现'部分[②] 的星期六，他神圣而纯洁的灵魂湮灭了。……他的灵魂重新回到天主身边，天主接纳了它，把它当作神圣的牺牲。""虔诚的人"——这是日记作者反复用来指代他的词语——的死令天庭震动，象征着神的愤怒：

---

　　① 注意，东·卡尔梅混淆了tefillin（经匣）和tallith（祈祷披肩）这两个单词。他写道："他们带他走向刑场时，他头部和左臂系着两条皮带，中间打了个结。犹太人称之为Thaled，即打结处包含有律法的戒律。" *Histoire ecclésiastique et civile de la Lorraine*, p. 755.

　　② Parchat Vayerah，指《托拉》的章节，相当于《创世记》（18：1－22：24）。由于犹太人要反复地分章节研读《托拉》，每年一个循环，因此《托拉》的章节也成了时间的坐标。——译者注

我听到几个值得依赖的人说，那天有一团巨大的风暴降临梅斯。以色列的神，为了捍卫您的圣名，愿我们勿屈从错误的指控。经上写道，因您的圣名，我们允许自己被屠杀、焚烧、火烤。愿他的义帮助实现以色列的伟业，愿它令神愉悦，拯救我们不会面临类似的指控，拯救我们不再流亡。……很显然，这个神圣的人的灵魂是神所喜悦的。……出于这个原因，他的名字改了，他获得了'哈韦尔'的称号，并将与以色列的其他神圣后代一起被人纪念。[1]

在无名氏的日记中，拉斐尔·利维始终被称作"虔诚的人"。殉难后，他在教友的心目中已经成了圣人，并被追授"拉比"的称号。日记必定是写在事件发生之时，因为它对事件记录得极为详细（尽管作者明显不了解审判文件和审讯报告），它是了解梅斯和周边地区犹太人的宗教信仰的珍贵文献。日记使用的是以希伯来文字母书写的意第绪语，它在开头这样写道：

为了圣洁神的名，布雷人拉斐尔在梅斯市被烧死。他遭到了错误的指控，原因是天主教村落的一个小孩在格拉蒂尼和梅斯之间失踪，拉斐尔被指控把那个小孩带到了梅斯。由于他被起诉，梅斯的（犹太）社区处在极大的危险之中。但我们要称颂神的名，是他无法言喻的恩典创造了伟大的神迹，令我们奇迹般地得救了。……读者在阅读的过程中会发现，凡事皆有因由，抑或会缔造善果。我们用德语书写，是为了让每一个男人、女人、男孩、女孩都能看到神的诸多奇迹，称颂他的名，明白他如何从以色列的敌人手中拯救了我们。因此，让每个人把这宗案件当作侍奉神的典范，带着恐惧全心全意地赞

---

[1] *Archives Israélites,* Sept. 1841, pp. 610-611.请注意，某些词汇在最初出版的《以色列人档案》中保留了希伯来文字母，但在后来的版本中消失了。Joseph Reinach, *Raphaël Lévy, Une erreur judiciaire sous Louis XIV*, p. 170.

颂神的名，直到弥赛亚降临。阿门。①

日记使用意第绪语而不是希伯来语，因为当时受教育程度较低的男性和女性普遍都不会讲希伯来语。日记中关于信仰、上帝崇拜、期待弥赛亚降临的内容随处可见，尽管假弥赛亚萨巴塔伊·泽维的灾难性事件显然在当地人的记忆里留下了难以磨灭的印记。在日记中，事件的各个阶段都是按照宗教年表进行排列。拉斐尔在辩护中使用犹太新年的日期和小时来划分他的时间，同样，日记的作者不仅按照他十分熟悉的犹太新年来仔细追溯事件的各个阶段，同时还与连续的《托拉》研读联系在一起。在第一句话中，他就把拉斐尔·利维离开布雷前往梅斯的时间记录为"小历430年吹角节（元旦）前夕"，即1669年9月25日，星期三。他写道，"提斯利月7日，星期三"，即10月2日，一个"天主教农民"的儿子被绑架的传闻开始流传，"提斯利月8日，星期四"，这个农民和他的妻子一起去了梅斯。"星期日，赎罪日翌日"，即10月6日，总督传唤拉斐尔到梅斯，拉斐尔回答说他不能马上去，总督告诉他"只要在星期四即住棚节第一天到就可以"。因此，"星期四，即住棚节第一天，在离开犹太教会堂之后"，拉斐尔应总督的传唤前往梅斯。整部日记都采用这种叙事方式，日期则以《托拉》的章节和犹太节日为坐标。拉斐尔获得总督允许返回布雷之后，刑事长官（lieutenant criminel）"通知他必须到场，不得有误，因为节日和安息日已经结束。……拉斐尔决心圣洁神的名（即牺牲自己），以拯救以色列家。无论如何，他都相信自己不会有任何风险，因为他没有犯罪。所以，他在住棚节这个小节日的第二天就去面见刑事长官"。

显然，无名氏犹太人的案情叙述完全是按宗教年表进行的。人们在基斯流月3日（星期二）发现了那个小孩的遗体。基斯流月9日，小孩的大

① *Archives Israélites*, July 1841, p. 417.

脑、骨骼和衣服被带到拉斐尔的牢房给他看。提别月18日，小孩的父亲提起诉讼。提别月25日，星期五，拉斐尔被带到审讯室，后来又被送到火刑场。星期六，读到"他出现"部分那天，迈耶·施瓦布受审。细罢特月头一天，星期三，最高法院开会聆讯他的案情。国王介入后，最后一个被囚禁的犹太人终于获释。日记以如下语气收尾："愿神将来救助他的民以色列，愿他保护他们免遭邪恶的指控，愿他赶快派来弥赛亚，就在我们的时代。阿门。"①

日记首尾呼应，它们都提到了弥赛亚，作者迫切希望他赶快到来。因此，审判档案和梅斯一位无名氏犹太人记录的日记，让我们得以窥见诸如拉斐尔·利维这样虔诚的犹太人的精神世界。

---

① *Archives Israélites*, February 1842, p. 83.

# 第四章　牲人祭的迷信

如前所见，在这个备受恐惧和动荡困扰的地区，有一个叫格拉蒂尼的小村庄。1669年9月25日，星期三，午后，车匠吉尔·勒瓦莫纳的妻子芒若特·维尔曼走在布雷通往梅斯的道路上，她准备到距离村庄二百米开外的泉水那里洗衣服。她让三岁的儿子迪迪埃自行跟在后面，但在途中，她发现小迪迪埃不见了。她慌忙四处寻找，还叫来丈夫和邻居帮忙，但一无所获。有数位证人声称看到拉斐尔·利维带着一个小孩骑马经过，其中包括一个从梅斯出来的骑兵，还有一个梅斯居民，后者居住在名为德意志门的城门附近。很快，一项传说中的指控又一次被提了出来：犹太人绑架了一个小基督徒。

这个传说根源于久远的中世纪，它在特伦特事件之后已经有所消褪，现在又突然冒了出来。然而，这次的背景有些不寻常。大多数牲人祭指控（比如在诺维奇、维尔茨堡、布洛瓦和特伦特）在时间上都与基督教的复活节重合，并且明确地指向基督受难。但这次指控发生在9月的吹角节，即犹太新年的开端。此外，先前的指控（维尔茨堡、格洛斯特和布洛瓦）都与某条河流或溪流有关，[①] 而在洛林的事件中，尽管泉水也扮演了有限的角色，但它主要发生在一处相当诡谲的森林里，事件的许多当事人经

---

① Yuval, *Two Nations in Tour Womb*,pp. 178-179.作者认为，对于基督徒来说，水的存在意味着犹太凶手更偏爱血而不是象征洗礼的水，更偏爱死亡而非救赎。他补充说，关于犹太人使用血制作无酵饼的指控，也表明他们更偏爱血而不是水。

常要穿过这片森林。利维事件开始于一片黑森林。直到今天，这片广袤的森林都还在那里，一直延伸到视线尽头，只不过在许多地方，树木已经变得稀疏。小迪迪埃就在这片森林里突然消失了。那个叫作格拉蒂尼的村庄坐落于一处低洼地带。从城镇的泉水处（它的位置现在仍然依稀可辨）出发，有一条小路通向布雷的大路，森林的边缘就在那里。

长久以来，牲人祭的传说一直困扰着神圣罗马帝国的德语区以及波兰地区。但在法国，它已经被遗忘了数个世纪，现在突然又重新出现。它恰好发生在这个法语和德语区之间的无人地带，所针对的是讲意第绪语的犹太人，大部分当地居民都听不懂这种语言——这种语言给人以神秘、不安、异类的印象，这与人们对在日常生活中遵循正统戒律的犹太人的印象完全吻合。

现在是仔细探讨事件过程的时候了。[①] 9月25日，星期三，拉斐尔·利维离开布雷小镇，同行的有他的儿子利翁和一位磨坊主。一行三人准备到梅斯去购买食物、酒和一只号角，用于庆祝犹太新年。上午十点，拉斐尔和他的同伴抵达梅斯，跟一个洛林骑兵同时进城。他们计划在午饭后回家。利维派儿子到客栈去找磨坊主，并让他们马上先行返回布雷。儿子和磨坊主的马匹都驮着重物，但拉斐尔的马驮得不多，这样他就可以轻松地赶上他们。他在下午一点之后不久出城，在格拉蒂尼和莱埃唐之间的森林里赶上了另外两个旅伴。大约下午三点钟，他们还在那里遇到了两个从布雷前往梅斯的鞋匠。在莱埃唐，拉斐尔去找当地的铁匠，因为拉斐尔欠他钱，然后三人赶回布雷，并在四点左右抵达。吹角节仪式在一个小时

---

① 此外的说法乃基于审判档案（摩泽尔省档案馆B 2144）。我也使用了前一章提到的日记，这部日记是一位梅斯的无名氏犹太人所写，它于1841年由梅斯出版商E.阿达玛翻译成意第绪语，并在《以色列人档案》（*Archives Israélites*）上连载刊出。原稿（AIU 216）于1927年在布达佩斯翻印，出版人是雅西本地人、罗马尼亚犹太史专家梅厄·本·亚伯拉罕·哈勒维。在匈牙利，在反犹情绪高涨的时期，一位参与"犹太科学"运动的历史学家翻印了这部日记，他无疑认为它可以解释自己当时正在面临的威胁。

后开始。

直到下星期三，10月2日，一个流言才开始传开：一个格拉蒂尼农民的儿子失踪了。很显然，他和妻子指控拉斐尔·利维绑架他们的儿子。第二天，10月3日，吉尔·勒瓦莫纳和妻子——即失踪小孩的父母——到梅斯控告拉斐尔。他们控告的依据是一个骑兵的证词，后者声称遇到拉斐尔骑马朝着梅斯的方向去，马肩隆上有一个小孩。很快，代表国王主持调查的总督传唤拉斐尔到梅斯去。他去了，告诉总督说有证人可以证明他的清白。总督让他10月9日再来，届时他可能会同控告人——即小孩的父母——和那个骑兵当面对质。当拉斐尔参加这次会面时，一位地方显贵出身的刑事长官接管了调查，他命令总督不要让这个犹太人离开梅斯。尽管总督是国王的官方代表，但他仍同意把案件交给法庭审理，不过他却允许拉斐尔返回布雷，理由是该村庄不属于他的管辖范围。拉斐尔是自愿来到梅斯，总督则认定自己没有权利强行留住他。刑事长官召集了若干证人，包括那个骑兵和一个住在德意志门附近的车工，这两个人都作证指控拉斐尔。10月12日，刑事长官命令利维到梅斯来。拉斐尔知道自己是清白的，所以听从了命令，认为这是在牺牲自己，以拯救犹太社区。他立刻遭到了监禁。

法庭继续审问证人。他们的证词互相矛盾：有人否认认识利维，有人则无法确定他是否就是他们见过的那个人。磨坊主和两个鞋匠的证词对他有利。风向似乎正在转变。但随后屠宰商的妻子——在前一章提到的无名氏犹太人的日记中，她被称作"坏女人"——声称她认识拉斐尔，她看到他在马背上驮着一个小孩进城，小迪迪埃戴着一顶小红帽，盖住他金色的头发。其他证人也作证指控拉斐尔。但有人指出，屠宰商的儿媳妇刚刚生完孩子，还在卧床，她不可能看到那个犹太人。有人说拉斐尔向来只骑自己的马，而那匹马的鞍布颜色，并非控方证人声称看到绑架者所骑的马的鞍布颜色。还有人说曾于下午三点在格拉蒂尼看到那个小孩，当时他还活着，因此事情不可能像几个证人所坚称的那样，即拉斐尔把男孩带到梅斯，然后在四点钟回到布雷。

拉斐尔又松了一口气。但就在这个时候，案情再次发生转折，并造成了非常严重的后果：行政官法庭批评刑事长官允许有利于被告的证人作证，并解除了他独自审案的权力。在这个节点，那个无名氏日记作者谈到了一个其他评论家似乎都未曾注意的事件：一位梅斯显贵于10月27日（星期日）去了法兰克福，并在下一个星期五带着皇帝的命令返回。皇帝保留了他在洛林的某些特权，他证实犹太人从未从事这类犯罪，并且历来的事实证明，针对他们的牲人祭指控都是不成立的。在这一背景下，皇帝坚持他对审判拥有审查权。[1] 但没有人理会他的要求，因为他对梅斯法庭没有任何权力。皇帝通过这种行为证明他仍旧忠于传统的保护责任。无论是国王还是皇帝，每当面对不愿服从统治的民众时，他们总是乐于向犹太人和著名的王室或皇家同盟者提供这种保护。然而，只有无名氏的日记提到了这段插曲。

11月25日，星期一，随着在格拉蒂尼森林里牧猪的农民发现小孩的头骨和骨骼，调查速度加快了。显然，男孩的父亲要求他们作证说还发现了小孩的衣服，以支持针对利维的指控，同时弱化最有可能的假设，即小孩是在森林中迷路并被动物吃掉的。证人说，他们发现男孩的衬衫挂在一株灌木上，干净且无破损，以图证明他没有被动物攻击。证人还声称发现了两条衬裙，其中一条已被解开，没有证据表明它是从小孩身上被撕扯下来，也没有血迹，这被看作是牲人祭的铁证。一个农民作证说，他认为小孩不是被动物吃掉，因为动物通常会攻击头部，而男孩的头骨完好无损。法庭咨询了外科医生，11月29日，外科医生提交了一份报告，它指出，尽

---

① *Archives Israélites*, August 1841, p. 484.

管某些身体部分似乎是被动物吞食，但头骨的状况表明它已在森林里暴露了四十天，也就是说是从10月20日开始，即拉斐尔应召前往梅斯并下狱一周之后。这被视为牲人祭的进一步证据，因为人们认为，它证明小孩在被绑架之后仍然活着，直到后来的牲人祭为止。在这个时候，有农民声称他们在森林里遇到了热代翁·利维。他们认为他是去抛弃男孩的头骨和骨骼以及没有血污的衣物，热代翁试图通过此举反驳之前的案情解释，并证明拉斐尔·利维无罪。随后热代翁·利维也遭到监禁，并像拉斐尔一样遭受"普通"和"特殊"的酷刑，尽管他始终坚持自己是清白的。

　　证人再次作证，他们的指控仍然互相矛盾。他们的证词各不相同，并且变得越来越模糊不清。证人的描述各不相同，包括他们看到拉斐尔的时间和地点、他来去的情状、据称携带小男孩的那个人所骑马匹的鞍布颜色、马耳朵的形状，以及犹太人穿的衣服——是衬裙，还是里面可能藏着小孩的斗篷？这些矛盾无法穷尽。例如，屠宰商的妻子说，她在中午前后看见拉斐尔带着小孩由德意志门进入梅斯，而男孩的父亲则承认，迪迪埃直到下午三点才失踪！一些证人指控别人收受犹太人的金钱，以提供有利于拉斐尔·利维的证词。另有一些人声称，有地位显赫的犹太人曾出钱让他们去找那个男孩的遗体和衣物，以销毁不利于被告的证据。犹太人在作辩护时证实，他们的确有过那些提议，但他们说，那是为了寻找拉斐尔清白的证据，而不是妨碍司法。

　　这时，一些证人向法官讲述了发生在几年前的一件事。他们说，耶稣受难日那天，安托万·克洛斯坎未经通报就进入迈耶·施瓦布家中。据说他在那里看到好几个犹太人带着武器，围坐在桌子旁边，戏仿基督受难的情景。他试图逃跑，但被他们抓住，混乱中还伤到了他的手。他声称他们要给他钱，让他不要声张。随后几天对利维的审判专门探讨了这个离奇的故事，有证人作证说他们听到过关于此事的讨论。就这样，嘲弄基督受难的迷信与牲人祭的迷信交织在一起，审判的情绪气氛再次升级。这两个源于天主教想象的成见第一次合而为一。

拉斐尔对事件的这一转折感到担忧，他试图联系他的朋友和家人。他求得在监狱里当佣人的一个年轻女子的帮助，这个女孩来自布雷，他们在村子里经常见面，彼此非常熟悉。拉斐尔通过她递出十张纸条，询问调查的进展和各个证人所扮演的角色。他还寻求妻子和女儿的帮助，并要求给予他犹太教葬礼，否则他谁也不会"宽恕"。狱吏得知他的所为后没收了一张纸条，又收缴所有其他纸条，把它们送到代理检察官处。代理检察官命人把它们翻译出来。第一个翻译员是一个改宗的犹太人。1669年12月20日，他指出了一个他认为十分关键的段落。他说，拉斐尔写到那个小孩被绑缚或捆绑（gebunden），而事实上拉斐尔是问"那个小孩是否已找到？"（gefunden）。女佣接受询问时，她否认拉斐尔跟她说过那个小孩被"捆绑"。审判的很大一部分都是在纠缠这个有意或无意误译的词语。拉斐尔的敌人紧紧抓住这一点，以证明他知道那个小孩曾被捆绑或勒死，进而证明他有罪。后来的事实证明，这是案件的一个转折点：这两个动词的混淆对法官有极大的影响，最终促使他作出死刑判决，尽管被告坚称这种翻译是错的。法庭专门用很多时间来辨别那个词语是gebunden还是gefunden。第二个专家同样是改宗的犹太人，他在12月28日接受传唤作证，他也确认了原先的翻译：在他看来，那个词是gebunden，而不是gefunden。无人理会拉斐尔的抗议。

1670年1月16日，星期四，下午3点，梅斯最高法院宣布做出有罪判决。拉斐尔·利维遭受了"普通"和"特殊"的酷刑。另外几个犹太人（包括迈耶·施瓦布）也遭到监禁，他们的财产立刻被扣押。最后，最高法院下令驱逐那些允许教友在该地区定居的犹太人，理由是他们造成国王的臣民破产。这些反犹措施被送呈送至国王。就在整个地区的"民众"威胁要攻击犹太人，而犹太人不得不依赖国王的士兵才能保障安全的时候，拉斐尔正在遭受"普通"和"特殊"的酷刑。他勇敢地忍受着痛苦的折磨，自始至终坚持自己的清白。1月17日，宣读判决之后，他再次被带到刑室。受刑后的拉斐尔痛苦地躺在牢房里，这时有两个犹太显要来看他。他请求他们帮忙照看他的妻女。然后他祈祷，戴上他的经匣。下午两点，他走向火刑柱，但拒绝携带蜡烛。事情结束了。显然，刽子手先是把他勒死，然后再把他扔到火里。1月19日，犹太人派出两名代表前往巴黎。他们联络上德·贝尔尼侯爵，他是利奥纳伯爵的儿子，也是御前指挥部（Commandements du roi）秘书。"你们想怎样？"据说德·贝尔尼阁下问道，"你们的犹太人死了。你们为什么不早点儿来找我？"

在这期间，1670年1月17日，迈耶·施瓦布受审，有几个证人证实了克洛斯坎的说法。这个"案中案"将持续数月时间，它由大法官主持，尽管王家总督对此提出抗议。2月5日，梅斯最高法院授权代理检察官发布征集证人的新命令，并张贴在各大教堂之中。许多证人应召前来，他们讲述的故事一个比一个离奇，它们与利维事件毫无关系，甚至与克洛斯坎对施瓦布的指控也没有关系。一位证人作证说，"几年前"的一个夜晚，他在经过犹太街的时候突然看见一个人头。一个外科医生声称，曾有一个犹太人来找他要一块皮肤，因为犹太妇女必须系上使用基督徒的皮肤做成的腰带才能生育。另一个证人回忆说，有一次在阿姆斯特丹，他把珍珠卖给一个犹太人之后，那个犹太人马上把装饰在十字架上的一串珍珠捣碎。有几个妇女作证说，耶稣受难日那天，她们曾看见犹太人在犹太教会堂里鞭打基督的雕像。

4月出现了新的剧情。维斯塔·利伯曼被逮捕入狱，而迈耶·比利耶和亚伦·阿尔方已在他之前被关押。梅斯拉比法庭的负责人亚伯拉罕·斯皮尔因为没在城里，方逃过一劫。所有这些人都遭到同一个指控，即试图遵照拉斐尔·利维的遗愿销毁他的罪证。最后，6月26日，盼望已久的王家法令送达，它命令释放所有被关押的犹太人。梅斯最高法院试图抗命。荒诞不经却危言耸听的谣言再次流传开来，又有两名显要前往巴黎面见最高当局。10月2日，他们带回一份新命令，它终结了所有的指控，包括受到严厉判决的拉比斯皮尔。

以上就是拉斐尔·利维事件的大致经过，它困扰了梅斯及其周边地区数年时间，直到中央政府及其地方代表积极干预，方才得到平息。发生在巴黎的论战也给洛林地区的非理性行为火上浇油，比如翻译家兼政论家阿姆洛·德·拉乌赛（或是署名为拉乌赛的某个作家）和著名的注释家里夏尔·西门之间的论战。阿姆洛·德·拉乌赛丝毫不掩饰自己的偏见（如果他确实是文章作者的话），他的文章后来也产生了一定的反响。他一开始就说，"犹太人总喜欢犯这类罪行"，并引述诺维奇和特伦特绑架小孩的案件作为证明。他详细描述了受害者的痛苦，称在场的犹太人"殴打他身体的每个角落。每个人都以殴打他为乐。他们一个接一个地殴打他，但中间要隔一段时间，以延续他的痛苦。如有可能，他们甚至在他死后还要继续殴打"。凭借丰富的想象力，拉乌赛先是激起读者的情绪和恐惧，然后才开始描述拉斐尔·利维所谓的牲人祭罪行。他重申了中世纪的一项指控，即当犹太人没有小基督徒可以攻击时，他们就"取来十字架，手持棍棒，重演抽打基督的场面……以嘲弄神子"①。读者的胃口被吊起来了，他们现在可以兴味盎然地欣赏作者关于拉斐尔·利维的邪恶罪行的精彩描述。

阿姆洛·德·拉乌赛想告诉他的读者，"出于对基督教的仇恨和蔑视"，这样的祭仪罪行"每天都在发生"。在他看来，案情是确凿无疑

---

① Reinach, *Raphaël Lévy.Une erreur judiciaire sous Louis XIV*, p. 74.我在这里采用雷纳克转引的阿姆洛·德·拉乌赛的文本。

的："这个残忍的犹太人在路边发现了那个落单的小孩，他就抓着他拎到马背上，放在自己身前，把他带到梅斯。在那里，他把小孩交给其他犹太人，自己当天就返回了布雷。"[1] 他随意给拉斐尔编造罪名："有证据表明他曾收买证人。"拉斐尔的不在场证明，即为了庆祝吹角节，他必须按时回到布雷，在拉乌赛看来这根本经不起推敲，因为"犹太人把绑架小基督徒看作一种宗教行为，它比参加他们的节日仪式重要得多"。[2] 一切都严丝合缝。在文章末尾，他呼吁把所有犹太人逐出法国："既然国王的虔诚一如他的正直，既然他总能战胜他的敌人，那么希望他也能战胜耶稣基督和基督教会的敌人，因为他是教会的长子。他应当以先王为榜样，把犹太人逐出他的王国，以惩罚他们犯下的众多罪行。这样，陛下将把我们的宗教从它最残忍、最大逆不道的迫害者手中拯救出来。"[3] 显然，阿姆洛·德·拉乌赛这篇草率出版的文章极其粗暴，它完全是为了拉斐尔·利维事件而写的。它不仅蓄意煽动迫害仍被关押在梅斯的犹太人（即热代翁·利维，所谓的帮凶），而且还要惩罚他们的全体教友，拉乌赛将他们污蔑为潜在的弑婴者。

面对这些威胁，一些犹太人（其中包括拉比以萨迦、一个名叫塞利格曼的显要，以及贡佩尔·旺邦）前往巴黎寻找帮助。他们去见约纳·萨尔瓦多，一个来自皮埃蒙特的犹太人，他在皮涅罗尔经营烟草生意。萨尔瓦多在宫廷人脉很广，他对科学有浓厚的兴趣。他还是一名希伯来学者，曾经跟里夏尔·西门一起讨论《圣经》和《塔木德》。西门是著名的奥拉托利会会友，与萨尔瓦多往来密切，他们一同研究《佐哈》，评论拉斯基和阿布拉瓦内尔的著作，也讨论萨巴塔伊·泽维带来的新弥赛亚学说，萨尔

---

① Reinach, *Raphaël Lévy. Une erreur judiciaire sous Louis XIV*, p. 77.
② Ibid., p. 79.
③ Ibid., p. 118.

瓦多希望这一学说能帮助恢复犹太人的耶路撒冷。

因此，梅斯的犹太人直接前往萨尔瓦多家中，向他详细讲述了洛林犹太人的遭遇。萨尔瓦多是获准居留在巴黎的少数犹太人之一。他立刻决定帮助他们，并马上去见他的朋友西门。他敦促西门迅速回应拉乌赛的《诉梅斯犹太人案情摘要》。西门（他后来将同博絮埃有一场论战）热衷于希伯来研究，他毫无疑问是该领域的顶尖专家之一。

海因里希·格雷茨指出，西门"是《旧约》和《新约》科学训诂学的创始人……由于他的贡献，受过教育的公众才对拉比文献变得较为熟悉……主要是出于研究希伯来文献的需要，他同犹太学者关系密切，这使他放弃了对犹太人的某些偏见"。[1] 只要研读他的信件，任何人都很容易发现这些偏见。西门说，《塔木德》充斥着"白日梦"，而"犹太人生活在原始的愚昧当中，因此他们十分轻信"。他反复取笑"愚蠢的犹太神秘哲学家"，并揭露犹太思想家的"谎言"。[2] 他继续说，犹太人"对我们恨之入骨"[3]。西门明确提到他的朋友萨尔瓦多的名字，尽管他从后者那里了解了《塔木德》的知识，但仍取笑于他："他以犹太人的方式读《圣经》，一边读，一边摇头晃脑，身体来回摆动，那个样子非常好笑。"他声称："大多数现代犹太人都没有宗教信仰，虽然他们表面上十分忠于他们的仪式。他们所有的努力都是为了聚敛钱财。"[4] 西门补充说："犹太人是大骗子，每次骗倒一个基督徒，他们都认为是做了一件好事。"[5] "我把他称作犹太人。"他在1670年给朋友克洛德·阿尔迪的

---

① Graetz, *Histoire des Juifs* (Paris, 1897), vol. 5, p. 220.

② Lettres choisies de R. Simon (Amsterdam, 1730), BNF Z 15118.Letter VIII, vol. 1, pp. 82-83, 87.亦参见vol. 2, letter 1, pp. 6-7.亦可参见密涅瓦出版社（Frankfurt, 1967）的版本。

③ Ibid., vol. 1, letter XXV, p. 225.

④ Ibid., vol. 2, letter II, p. 14.

⑤ Ibid., vol. 3, letter XXVII, p. 8.

信中这样写道。① 更糟糕的是，西门说明了他干预拉斐尔·利维事件的
条件：

> 不久前，犹太人毫不费力地在御前会议赢得了针对梅斯最高法
> 院的一场讼案，后者曾将一个可怜的犹太人判处火刑。如非御前会议
> 接管，该最高法院还会对另外两个犹太人做出类似的判决。当时身在
> 巴黎的萨尔瓦多给我看了部分审判档案。读过这些档案之后，我毫不
> 犹豫地写了一篇批评文章支持梅斯的犹太人，这篇文章为犹太人赢得
> 御前会议的诉讼起到了很大的作用。我知道，这个可怜的民族（犹太
> 人）对我们恨之入骨，但我们必须向他们证明，我们会像福音书所要
> 求的那样对待他们，即要爱我们的敌人。②

尽管抱有这些偏见（其中许多内容出现在1670至1671年之间的书信
当中），但西门仍然马上采取行动。西门毫无畏惧地（下一个世纪的伏尔
泰在为卡拉斯辩护时，可能也受到了西门的鼓舞）③ 起草了他的争辩文章
《驳〈诉梅斯犹太人案情摘要〉》。到了19世纪，当格雷茨说西门"以热
烈的信念为犹太人辩护"时，④ 他所指的便是这篇文章。约瑟夫·雷纳克
则把这篇文章收入他关于此案的文献汇编。两位作者都对西门的学识和

---

① Bertram Eugène Schwarzbach, "Le témoignage de Jona Salvador sur les Juifs de Paris au XVIIe siècle", *Revue des études juives*, July-Dec. 1996, p. 471.事件综述亦参见François Cuisinier, "Richard Simon et les Juifs de Metz", *Cahiers Elie Fleur* (21) 2001-2002.

② *Lettres choisies de R.Simon*, vol. 2.Letter VIII, p. 53.参见Myriam Yardeni, "La vision des Juifs et du judaïsme dans l'œuvre de Richard Simon", *Revue des éudes juives*,Jan.-Mar. 1970.关于西门和萨尔瓦多会面的情况，亦参见Paul Auvray, Richard Simon, *1638-1712. Etude bio-bibliographique*(Paris:PUF, 1974), pp. 26-27; and *Les juifs présentés aux chrétiens: cérémonies et coutumes qui s'observent aujourd'hui parmi les juifs, par Léon de Modern.Suivide Comparaison des cérémonies des juifs et de la discipline de l'Eglise, par Richard Simon.*由雅克·勒布伦和盖伊·斯特鲁萨作序并注释(Paris:Les Belles Lettres, 1998).

③ Bertram Eugène Schwarzbach, *Voltaire and Richard Simon, thesis for M.A. in philosophy*, Columbia University, 1964, p. 52.亦参见本书第八章。

④ Graetz, *Histoire des Juifs*, vol. 5, p. 220.

勇气赞赏有加，但对他的书信却了解不多。[①]《驳》文在开篇就定下了基调："那篇文章肆意诽谤梅斯的犹太人，它的作者充分展现了他对整个犹太民族的敌意。……他赖以支持对拉斐尔·利维的判决的证据……太过薄弱，根本不值一驳。但我还要证明长久以来针对犹太人的其他指控都是错误的，所以才写下这篇文章。"[②]

在罗列历代教宗如何为犹太人辩护并驳斥这些指控，以及许多位国王如何保护犹太人之后，西门写道："当下，梅斯的犹太人希望从最虔诚的基督教国王和他的御前会议那里得到同样的公正，因为御前会议很容易发现一直以来针对犹太民族的恶意中伤。这些诽谤纯粹是基于虚假的报告和捏造的故事。犹太人希望国王陛下不要把他们逐出梅斯，相反，他应当像历代先王那样重申犹太人在那里生活的权利。"[③]

西门驳斥了巫术指控，因为犹太教同样谴责巫术。他准确地解释了一些在基督徒看来十分奇怪的事情，包括经匣的含义，即里面装的是《十诫》，而不是藏着什么神秘的东西。他以嘲讽的语气写道："基督徒不应该轻易地以巫术罪指控犹太人，因为他们清楚地知道，第一个（基督教）殉道者当时遇到的就是这一指控。"他强调了这样一个事实，即大多数现代基督徒"都尊重犹太人的书籍，他们最好的图书馆里全是这种书"。他在文章最后回到了拉斐尔·利维的案件上面，他写道，拉斐尔"被指控的罪名是造成一个小孩死亡。这一指控非但没有任何证据，而且所有的假设都证明控罪并不成立，因为这起诉讼源于宗教狂热，它完全违背了宗教的原则。他被指控绑架了那个小孩，这个指控并不可信，因为他无法从中

---

① 此处评论乃基于原始文本（BNF, 4° LD 184 5）。

② Simon, *Factum servant de réponse au livre intitulé Abrégé du procès fait aux Juif de Metz*(Paris, 1670), http://fr.wikisource.org/wiki/Factum_servant_de_r%C3%A9ponse_au_livre_intitul%C3%A9_Abr%C3%A9g%C3%A9_du_proc%C3%A8s_fait_aux_Juifs_de_Metz#cite_note-1, p. 3.

③ Ibid., p. 7.

获得任何实惠或好处……我们无法肯定地说，有任何一个证人提供了他有罪的证据"。① 反驳了阿姆洛·德·拉乌赛的恶毒指控之后，西门专门用很大的篇幅来描述犹太人在祈祷中赞颂国王的内容，作为犹太人对王权绝对忠诚的证据。他写道，犹太人"作为臣民，在每个星期六和其他庄重的节日都为国王和王公们祈祷"②。他希望利用这些祈祷来说服法官，让他们判定拉斐尔无罪，因为同他的教友一样，拉斐尔是一个虔诚的人，他尊重君主秩序，并将法律视同神圣。事实证明，西门的《驳》文作用很大，它帮助了被囚禁的梅斯犹太人，并说服王家机构强行干预，最终令他们获释。

在19世纪末被雷纳克重新发现之前，这个事件一直无人提及。历史似乎忘记了拉斐尔·利维的不幸，在整个18世纪，它几乎没有留下任何痕迹。不过，弗朗索瓦·加约·德·皮塔瓦尔在1734年出版的《著名而有趣的案件及其判决》中，有一节题为"被指控犯下反人类的滔天罪行的犹太人"，当中专门用三十页的篇幅来介绍该案。他开头是这样写的："每一天，出于对基督教的仇恨和蔑视，犹太人犯下的忤逆、亵渎、可憎的罪行罄竹难书。下面准备讲述的这场审判发生在梅斯，一个小孩遭到绑架，拉斐尔·利维因此被定罪，它将足以展现犹太人恶劣和残忍的秉性。"③ 皮塔瓦尔的灵感主要来自阿姆洛·德·拉乌赛（尽管他并未提及拉乌赛），他描述了利维事件的各个阶段，并且不假思索地认可了一些最荒唐的指控，比如"当犹太人没有小孩可用时，他们就在耶稣受难日那天在会堂里安放一个十字架，然后轮流鞭打它"④。皮塔瓦尔在写作时完全没有把自

---

① Simon, *Factum servant de réponse au livre intitulé Abrégé du procès fait aux Juif de Metz*(Paris, 1670) ,p. 11.

② Ibid., p. 10.

③ François Gayot de Pitaval, *Causes célèbre et intéressantes avec les jugements qui les ont décidées* (Paris, 1734), pp. 244-245.BNF 160 F 3121 (2).

④ Ibid., p. 274.

已与写作主题拉开距离。对于如此"顽固"地坚持其信仰的"可恶的犹太人"，他唯有打心底里地蔑视。①

五十年后，1787年，阿贝·格雷瓜尔在他著名的《论犹太人的身体、精神和政治重生》中加入了下面这段关于亵渎圣饼的奇怪描述：

> 据说巴黎和科隆的某些犹太人曾经亵渎基督教最神圣的东西。的确存在这类无可争议的事实，圣迪耶镇就记录有一个似乎完全相同的案例。据说有三或四个来自特伦特、哈格瑙、富尔德和庞斯的犹太人曾经使用小基督徒献祭。我们可能会质疑这些说法：你是从哪里听说的？从基督教历史学家那里。然而，如果我们承认愤怒、疯狂或复仇欲望可能确曾导致少数狂热分子犯下这种过激行为，这是否表示整个民族都有罪？②

格雷瓜尔在一个注释中说（但他并没有认真辨别有关证据）："在布鲁塞尔的居迪勒联合教堂，人们还小心地保存着被犹太人亵渎过的圣饼。巴黎的比耶特修道院也保存有这种圣饼。"关于圣迪耶亵渎圣饼之事，他补充说："我说这个事情似乎是真的，是因为我还不能确信这个犹太人的罪行已经得到无可置疑的证明。"在上面引述的那段文字中，他似乎接受了发生在特伦特的指控的真实性，那是一宗典型的牲人祭指控，它对犹太人的影响将长达数个世纪。格雷瓜尔尽管并没有指控整个犹太民族的意图，但他仍然愿意考虑一个假设，即少数狂热分子可能确曾犯有牲人祭的罪行。

在同一个注释中，他还谈到了当时已被遗忘的拉斐尔·利维事件，以反驳《诉梅斯犹太人案情摘要》的作者所作的解释，他认为这个作者"有

---

① François Gayot de Pitaval, *Causes célèbre et intéressantes avec les jugements qui les ont décidées* (Paris, 1734), pp. 244-245.BNF 160 F 3121 (2)., pp. 269 and 274.

② Abbé Grégoire, *Essai sur la régénération*, p. 55.

些轻信"。他提到并明显赞同里夏尔·西门的反驳文章。格雷瓜尔是土生土长的洛林人，他证明自己十分了解这宗当时已经很少有人记得的案件。然而，他在最后却说了一句奇怪的话："不管实际可能发生了什么。"①在行文中，他并没有在任何地方指出牲人祭指控的荒谬性，对于一个号称要英勇捍卫犹太人的解放和重生事业的作者来说，这着实令人意外。而且，尽管教会已经正式谴责这些指控，但他仍然认为"少数狂热分子"可能真的有罪。②

我们永远无法得知阿贝·格雷瓜尔是怎样了解到利维事件的，因为这个事件早已淡出人们的视野。③在格雷瓜尔之后，利维事件又沉寂了许久，直到1841年突然再次浮出水面。这一年，奥尔里·泰尔康，一个持不同政见的改革派犹太人，他在《以色列人档案》上发表了一个不知姓名的梅斯犹太人的日记，它记述了利维事件的过程。④这部日记十分坦率地为拉斐尔辩护，并猛烈抨击荒诞的牲人祭迷信。泰尔康把拉斐尔·利维同德·拉巴尔骑士和卡拉斯放在一起比较，希望通过出版日记，为这个不幸的受害者彻底平反："拉斐尔·利维，得有夏多布里昂⑤般的如花妙笔，才能表现出你极端的虔诚和神圣的美德。请接受一个卑微的教友致以的遗憾、认可和钦佩。你在生命的最后时刻散发出炫目的光芒。你为法贝尔

---

① Abbé Grégoire, *Essai sur la régénération*, pp. 182-183.
② 但应指出，写《论》文几年之后，格雷瓜尔用更坚定的笔触写了《支持犹太人的动议》，并于1789底提交给制宪议会："在黑暗的中世纪，人们把上天降下的一切灾难都归咎于犹太人。他们以各种罪名遭到指控，这些罪名一直都是假定的，但从未得到证实，比如用小基督徒祭祀、在泉水、井水，甚至河水里下毒……仇恨就是理由吗？" *La Révolution française et l'émancipation des Juif*(Paris:EDHI, 1968), p. 10.
③ 奇怪的是，他并没有提到皮塔瓦尔出版于1734年的书，也没提到东·奥古斯丁·卡尔梅出版于1757年的《洛林教俗史》，尽管后者明确描述了详细的案情并同意利维有罪。参见vol. 3, pp. 753-756.BNF FB.12682.
④ 有关泰尔康的问题，参见Philippe Landau, "Olry Terquem (1782—1862).Régénérer les Juifs et réformer le judaïsme", *Revue des études juives*, Jan.-June 2001; and Pierre Birnbaum, *L'aigle et la synagogue.Napoléon, les Juif et l'Etat*(Paris:Fayard, 2007), pp. 234-237.
⑤ 夏多布里昂（1768—1848），法国浪漫主义文学的奠基人。——译者注

（Fabert）的祖国增光，你可以比肩迪韦吉耶、尼可、阿诺等神圣的殉道者，他们选择了煎熬、苦难和流亡，并同你一样因为服从良心的神圣法则而死。这个微不足道的犹太人有着钢铁般的意志。"①

总之，拉斐尔·利维的故事仍旧湮没在历史的尘埃之中。很少知道他的模范行为，他也从未享受到德·拉巴尔或卡拉斯般的荣誉。然而，泰尔康并不特别在意他给予该案的分量，他想利用它来提醒人们注意犹太人在另一宗牲人祭指控中面临的境遇，当时大多数法国人都认为这个指控是成立的。这宗案件发生在1840年，它牵涉到大马士革的犹太人，并困扰欧洲达数年时间。泰尔康对此案兴趣尤其浓厚，因为法国当局深度介入了囚禁大马士革犹太人的事件。在天主教徒的压力下，这些犹太人被严刑拷打，并遭遇不公正的判决。然而，法国当局受到当时法国最知名的犹太人阿道夫·克雷米厄直接的公开挑战，他和摩西·哈伊姆·蒙蒂菲奥里一起为被告提供援助。② 因此，大马士革事件是利维事件被重新发现的主要原因，泰尔康的目的是赞扬利维忍受酷刑的勇气和对犹太教信仰的忠诚。波兰人C.梅利厄夫人写的下面这首诗便可以作证，泰尔康把它附在他为梅斯犹太人的日记写的文章末尾：

> 拉斐尔的魂灵，为何你的声音凄婉
>
> 如斯，令我心颤……

---

① Orly Terquem, "Raphaël Lévy (de Boulay)", *Archives Israélites,* June 1841, p. 375.

② Jonathan Frankel, *Damascus Affair:"Ritual Murder", Politics and the Jews in 1840*(Cambridge:Cambridge University Press, 1992), 作者强调阿道夫·克雷米厄扮演的突出角色，因为他公开挑战法国当局，并赞同针对大马士革犹太人的指控。Ernest Alby, *Des persécutions contre les Juifs* (Paris, 1840), pp. 71-72, 作者在这本奇特的书中反对针对大马士革犹太人的迫害，他引用并赞同犹太人的如下说辞："1572年圣巴托罗缪节，一个天气清明的夏夜，我们目睹了一场对妇女和儿童的恐怖屠杀。那天晚上，天主教徒以教会的名义进行了一场牲人祭，大小河流被法国最高贵的血染红了。你们用自己的亲朋好友——你们把他们称作胡格诺教徒——的血和肉去领圣体，却来谈论你们从未见过、也从未摸过的蘸着血的无酵饼！你们怎么会编造出我们在耶稣受难日把小孩钉在十字架上的仪式？除了你们邪恶的想象之中，这种仪式根本就不存在！"他还谴责大马士革的审判，但从未提及利维事件。

你是壮烈牺牲的英雄！你以高尚的心灵
热烈称颂全能者的名！


恐慌蔓延的梅斯，一个谣言无端涌现
谎言之翼，更助飞短流长。
据说，在旷野尽头的黑森林
一个小孩因谋杀丧命。
……
迷信催生空洞的谎言
为编造的故事添枝加叶。
他们说，愿神祝福！我们的逾越节无酵饼
血和肉的恐怖混合
需要一个牺牲者
我们必须刺穿一个无辜者的心脏！


你们这些迫害者，轻信的暴徒
在阴暗的角落，散布混乱和恐怖！
他们指控你，神啊！极尽癫狂
他们试图毁灭雅各的信仰！
……
狂热的信念，因不洁的热情而燃烧
竟以狂暴为香，祭献天神
柴堆，地牢，锁链，羞辱
折磨，哭嚎，恐怖惨惨！
……

法兰西，奴役的枷锁戴得久长

眼睁睁地看着体面而高尚的长者灭亡。

从卡拉斯到拉巴尔，殷红的土地

在恐惧中揭竿而起，反抗可恶的政体！


拉斐尔！你的神圣事业

缺乏高尚的捍卫者，他妒忌我们的权利，他倾听

……

倾听大马士革警示的哭喊，勇敢地献身于解放全民之伟业！

他的声音将宣告你平静的清白

他的辩才将讲述你卑微的虔诚

和法官的残忍，他将撤销不公正的判决

令子孙后代不再背负他们的耻辱！


啊，为何路易迟到的正义

未能扑灭在火刑柱的烈焰？

为何他未能向你伸出庇护之手

当你濒死的双眼已无力将它找寻！

啊！我在说什么！

……

一双无形而强大的手

向你展示永恒，他的王位，他的荣耀！

……

他向你伸出双臂！

……

你的灵魂散逸升腾

纯洁无瑕，进入造物主的怀抱！ [1]

　　这首长诗是为了赞颂拉斐尔·利维的牺牲。在出版为不幸的利维平反的无名氏梅斯犹太人的日记时，以这首诗作为结尾，它强调的不仅是他对神的信仰、虔诚和信心，还展现了他的孤独，因为没有人像伏尔泰那样，甚至也没有人像声援大马士革犹太人的克雷米厄那样为他辩护。

　　尽管《以色列人档案》用了很多版面连载这份详述拉斐尔·利维所遭受的不公正对待的日记，但他的故事依然鲜为人知。这首感情充沛的诗并没有产生效果，西门勇敢地为利维辩护的文章也是如此——这篇文章结束了《以色列人档案》关于该案的连载。四年之后，1845年，当埃曼纽埃尔·米歇尔出版《梅斯最高法院史》的时候，偏见仍然十分普遍，以致他对能够证明拉斐尔清白的那些重要档案一无所知，尽管它们刚在《以色列人档案》上发表不久。他写道：

　　　　喜欢悲情的人会不加批判地相信归咎于犹太人的所有暴行，其他人则更容易相信法院的宗教狂热而非其不幸的受害者的狂热，也更容易相信二十个证人的伪证而非一个被告的恶毒行为。公正的人在作出判断时会更加谨慎。他们仍会相信，首先，在这个悲惨的事件当中，最高法院并没有被控方和狂热的情绪所左右。……只要主管法官遵守法律程序，并基于道德的确定性作出判决，那么这个判决就必须得到尊重。[2]

　　事实上，在大马士革事件和德雷福斯事件之间，利维事件再度被人

---

　　① *Archives israélites*, Feb. 1842, pp. 84-86.需注意，在《拉斐尔·利维》一书中，约瑟夫·雷纳克并未在《日记》后面照抄这首诗。

　　② Michel, *Histoire du Parlement de Metz*, p. 170.

们遗忘。<sup>①</sup>更糟的是，当它难得有一次被更直接地提及之时，拉斐尔却再度成为被谴责的对象。1861年，贾斯汀·沃姆斯在梅斯出版了一部作品，其中讨论到利维的审判，讨论方式与埃曼纽埃尔·米歇尔基本相同。他在结尾写道："由于梅斯最高法院的荣誉和名声，人们倾向于相信犹太人的确犯有他被指控的罪行，并在烈火中公正地完成赎罪……我们没有理由否认或质疑这个假设，即犹太人拉斐尔·利维因为遵从其信仰的秘密法则和其宗教的神秘命令，谋杀了这个不幸的小孩。不管实际发生了什么，最高法院可能惩罚了一个有罪的人，但同时也令无辜的人名誉受损。"<sup>②</sup>鉴于人们对格拉蒂尼的奇闻抱着此种态度，我们可以理解为什么《以色列人档案》会感到愤慨，何况该刊物早在二十年前就已经发表了一份能够揭示案件真相的文献：

> 一个犹太作者怎能如此冷漠地写出这样令人作呕的话？他怎么能写出"在烈火中公正地完成赎罪"这样的句子？什么！对于极不公正的审判程序，他竟然没有一个字表示强烈抗议！竟然没有一个字赞扬拉斐尔·利维勇敢的英雄行为！……沃姆斯先生竟然找不到合适的话来形容这位崇高的殉道者？他竟然没有引述已故的泰尔康的强烈抗议，或是利维的同代人所写、已故的阿达玛翻译的朴实的日记？他竟然只字未提事后宣告利维无罪的文献？对于一件直接关乎梅斯社区荣誉的事情，《以色列人档案》连续六期发表了可靠的文献和重要的文章，难道在梅斯竟无人知晓？真是可悲。<sup>③</sup>

---

① 似乎很少有人提及此事。例如，I.贝达里德曾在当时一部有名的著作中略微暗示到这件事情（*Les Juifs en France, en Italie et en Espagne*, 1859, p. 378）。在他眼里："在这个时期，根本没有必要对如此离奇的判决进行反思。它清楚地表明，在17世纪，公共舆论对阿尔萨斯的犹太人是什么样的态度。"注意，这里有一个错误：事件并非发生在阿尔萨斯。

② Justin Worms, *Histoire de la ville de Metz*, p. 13.

③ *Archives israélites*, vol. 24, 1863, pp. 502-503.

　　这种控诉徒劳无功，看起来法国的犹太人好像害怕重审此案，他们担心自己因此陷入危险之中。经过外国观察家的提醒，他们才知道利维事件的重要性。海因里希·格雷茨是现代犹太史学的奠基人。1897年，正当德雷福斯事件发展成重大的公共议题之时，他出版了不朽巨著《犹太民族史》的最后一卷。格雷茨对该案的熟悉程度令人吃惊，其中许多内容在《以色列人档案》发表的日记译本中也未提及。他用大量的篇章探讨了拉斐尔的纸条的翻译员迪·瓦利耶所扮演的关键角色。迪·瓦利耶曾经是一名非常虔诚的犹太人，后来却"在拉斐尔的事情上作了伪证……他变成了前教友的狂热的敌人"。此外，格雷茨也率先强调了里夏尔·西门的角色，即他在为拉斐尔和其他遭到错误指控的犹太人进行辩护方面发挥的作用。①

　　尽管有格雷茨的贡献，但直到德雷福斯事件引发的情绪被全面点燃之后，人们才对该案有了进一步的认知。爱德华·德吕蒙和他的追随者对利维的案件极其熟悉，他们经常以该案作为依据，以证明他们敌视德雷福斯的正当性。但更重要的进展来自约瑟夫·雷纳克和亨利·普拉格，前者出版了一部资料极其翔实、为利维平反的著作，后者则在《以色列人档案》上发表了措辞激烈、论证扎实的文章。②

　　数年之中，拉斐尔·利维的悲惨命运再次引起激烈的争论，因为无论是德雷福斯上尉的支持者还是反对者，他们在开始讨论德雷福斯事件时，都把它视作利维事件的重演。③随后，这个事件再度沉寂，包括利维事件本身和它的主要人物，无论是天主教徒还是犹太人。当然，安德烈·斯皮

　　① 奇怪的是，我前面引述的格雷茨著作的法文译本遗漏了这些段落。但英译本有这些段落，参见*History of the Jewish People*, vol. 5, pp. 174-176.

　　② Édouard Drumont, *La France juive* (Paris:Flammarion, 1886); Reinach, Raphaël Lévy, Henri Prague, "Raphaël Lévy, un martyr en Lorraine", *Archives israélites*, 1898, vol. 58.参见第八章。

　　③ 参见第八章。

尔在1951年对事件作了热情而严谨的描述，而他的祖先亚伯拉罕·斯皮尔也曾卷入事件当中。他的叙述条理极为清晰，他显然仔细阅读过雷纳克的著作并据此进行梳理。他的结论是这样的：“以上就是我向安德烈·吉卢瓦讲述的故事，他在1951年4月26日将它以悲伤的广播剧的形式播出，其时法国的法西斯主义重新抬头，他们正在发起一场无耻的运动，准备释放那些曾经把法国的犹太人交给纳粹折磨和屠杀的人，包括泽维尔·瓦莱特、夏尔勒·莫拉斯以及贝当本人。”① 就这样，在德雷福斯和维希之间，利维事件再一次短暂地在时事当中露面。

然而，无论是法国还是国外，尽管研究路易十四时代的历史学家不可胜计，但他们都很少提及此案。当然，现在我们可以在研究该时期的一些著作当中找到关于这个特殊案件的简单讨论。不过，只有在仔细考察无名氏犹太日记作者、奥尔里·泰尔康、海因里希·格雷茨、约瑟夫·雷纳克都未能看到的审判档案之后，我们才能观察到当时的各种社会关系，猜测

---

① André Spire, *Souvenirs a batons rompus* (Paris:Albin Michel, 1962), p. 33.安德烈·吉卢瓦把斯皮尔的故事制作成广播剧，并编造了相关对话，以反映事件的戏剧性。例如，他让芒若特·维尔曼说道：“犹太人把迪迪埃从我那里带走，现在他们要杀了他，把他吃掉。” *Les grandes familles de France* (Paris:Jean-Jacques Vital, Radio-No. 3 Editions, 1953), p. 96.

到当时可能发生了什么样的争端和仇恨，了解促使各方作出相关行为的价值动因，并洞察困扰着这个边境地区的居民的种种幻象。①

---

①　然而，拉比纳坦·内特于1938年打破了令人窒息的沉默，他主要根据约瑟夫·雷纳克的著作，简短但详细地讨论了格拉蒂尼的"悲惨往事"。参见Nathan Netter, *Vingt siècles d'une communauté juive*, pp. 60-67.Roger Clément, *La condition des Juifs de Metz sous l'Ancien régime*, p. 59，作者探讨了案件，并强调法庭的偏见。最近，伯恩哈德·布吕门克兰茨在许多地方简要讨论了案情，例如*Juifs en France.Ecrits dispersés* (Paris:Les Belles Lettres, 1989), pp. 52-54.他还提供了一份有关该事件的参考书目*Bibliographie des Juifs* en France (Privat), pp. 192 ff.索萨·沙依克卡斯基也提供了一份参考书目，有些却时相当完整: Franco-Judaica:*An Analytical Bibliography of Books, Pamphlets, Decrees, Brief and Other Printed Documents Pertaining to the Jews in Prance 1500-1788* (New York:American Academy for Jewish Research, 1962), p. 119.《犹太百科全书》"血液指控"（Blood Accusation）词条（*Jewish Encyclopedia*, vol. 3, p. 267）简单提及了利维事件，但"血液诽谤"（Blood Libel）词条并未提及（*Encyclopedia Judaica*,1972, vol. 4）。E.瓦康达尔的《犹太人的牲人祭问题》是天主教徒反驳此类行为的文章，它也没有提及该案，参见*Revue du clergé français*, no. 401, Aug. 1, 1911.许多当代反犹文本继续攻击拉斐尔·利维，这些将在第八章讨论。除了这些文章之外，许多当代文本也涉及此案，并认为列维是清白的。1931年，A.罗桑贝尔在《洛林人类学评论》（*Revue Lorraine d'Anthropologie*）中发表了《牲人祭》一文。他在文中谴责这些传说，讨论了包括特伦特案在内的许多案件，并有几页专门探讨利维事件这宗"发生在路易十四时代的牲人祭审判"（第52页）。保罗·兰更加简明地总结了A.罗桑贝尔的简要介绍，参见Paul Lang, "Les Juifs de Lunéville et la petite histoire", *Revue juive de Lorraine*, no. 131, 1936.亦参见保罗·黑格瑙尔的简明摘录："Un drame judiciaire au Grand Siècle:L' affaire Raphaël Lévy", published in three articles in the *Journal des communautés*, April, May, and June 1957.亦参见皮埃尔–安德烈·迈耶简明而扎实的文章: "Un cas d'accusation de meurtre rituel à Metz au XVII è siècle", *Archives juives*, 1989.最近，安德烈·布吕莱在有关洛林巫术的一般性论著中有几页讲述了利维事件，原因是"该案背后有巫术的影子"。参见*Sorcellerie et emprise démoniaque à Metz*,p. 413.最近一篇资料翔实的学术文章参见Patricia Behre, "Raphaël Lévy, a Criminal in the Mouth of the People", *Religion*, 23 (1993), 此文亦收入她的*One King, One Law, Three Faiths:Religion and the Rise of Absolutism in Seventeenth Century France*(New York:Praeger), 2001.贝雷正确地指出了该案的宗教与经济方面的联系。

# 第五章 "新希律"拉斐尔·利维的审判

　　无名氏梅斯犹太人的日记描述了一个奇怪的插曲，它在审判过程中并未提及。在拉斐尔自愿返回梅斯并遭到关押之后，一个谣言开始流传开来："有人说那个小孩是在一个犹太人的家里被发现的，他们把他藏在一只密封的木桶里，以提取他的血液。"[①] 这个令人毛骨悚然的发现引起民众的不安，他们扬言要袭击所有的犹太人。幸亏有总督的保护，犹太人才没有血流成河。牲人祭的指控刺激了人们的想象力，令人们产生幻觉，促使证人在整个事件过程中编造出最荒诞不经的故事。无名氏的日记提到的谣言充分反映了当时无所不在的恐惧，它不禁让人联想到描绘特伦特谋杀案的众多离奇的版画，而当时的人们对这个事件仍然记忆犹新。我们不知道这个谣言从何而起，也不知道它与拉斐尔有何种关系。我们不知道有哪些人听到过这个谣言，也不知道为什么在搜查犹太人的房屋时没能马上发现涉案的木桶，因为这些房屋全部位于同一个城区。无论是阿姆洛·德·拉乌赛，或是奥尔里·泰尔康，还是约瑟夫·雷纳克，他们都没有提及这个把小孩藏在木桶里等待野蛮地结束其性命的故事。但这个情境着实可怕，它留下了难以磨灭的记忆，影响了公共舆论，煽动起对犹太人

---

① Raphaël Lévy (of Boulay), traduction d'un Journalde ce procès, in *Archives israeiites*, July 1841, p. 423.没有评论家提到这段话，包括雷纳克和德吕蒙在内！

的仇恨，无疑也造成了拉斐尔·利维被处死，因为拉斐尔无法反驳这个故事。

事实上，似乎一切都是被允许的。证人当庭讲述最离奇的故事，法官却没有提出任何反对意见，没有要求作任何澄清，甚至表现出鼓励这类故事的情状。故事通常会往回追溯数年时间，但证人对相关事实的记忆却精确到令人吃惊（除了某些关键的细节，它们往往关系重大）。这些与拉斐尔·利维毫无关系的故事却促成了对他的不利判决，因为它们鼓励各种非理性的联想和推断。整个审判过程还使用了启发式联系（rapprochements évocateurs）的方法。这些联系同样与案件本身无关，但它们造成的情感指控势必对法官产生影响。有几周时间，证人们讲述了一个又一个的故事，在他们看来，这些都是拉斐尔有罪的铁证。例如，1669年12月2日，埃及人迪迪埃回忆说，四五年前，他曾被要求陪同一个希望改宗的犹太人前往凡尔登。他说，这个犹太人告诉他："犹太人喜欢绑架仍然保留童贞的基督教小女孩，从她们的脚和胳膊抽血，然后他们会使用这种血，但他不记得是用来做什么了。"这些据称是在数年前说的话纯粹是道听途说，没有丝毫确凿的证据，它们的唯一目的是让人们怀疑拉斐尔拒绝认罪的态度。况且这个传闻的依据是一个准备改宗天主教的人所说的话，而这些话显然是在攻击他的前教友。那么，它们在哪些方面推进了案件的调查？

下面我们将考察法官同意听取的另外两个证言，尽管它们同利维案件无关，也同针对犹太人的牲人祭指控无关。这些证言是在迈耶·施瓦布等人的案件中作出的，这些案件将在下一章详细讨论。1670年1月24日，尼古拉·伯梅回忆说：

> 六年前，他去该市的大教堂听布道，因为是星期天，他就给当时五岁半的儿子布里塞一些钱，让他去买樱桃，并把他留在他家门口。

听完布道回来后，他问妻子小孩在哪里，她说她已经有一个小时没见到他了，因此证人不得不到所有的邻居家里找他，但没有找到。第二天，他获得该市军政长官批准，在每个路口一边击鼓一边喊儿子的名字，但仍然没有关于小孩的任何消息。……他再也没有见过他，也没有听到关于他的任何消息。

这就是伯梅的故事的结局。他的妻子玛格丽特·克洛斯接着说：

> 6年前，记得那是一个星期天，她当时5岁半的儿子失踪了。他在中午12点半左右离开家，去附近买樱桃。丈夫听完布道回来时，问小孩在哪里，她才发现他已经不见了。……由于没找到他，第二天，他们在城市的各个路口一边击鼓一边喊儿子的名字，又到周围所有的村庄去找他，但没有得到任何消息。在那之后，她无法想象他发生了什么事，也无法指控是什么人带走了他。

一对夫妇丢失了儿子，他出去买樱桃之后再也没有回来，这些讲述令人不安，也十分令人动情。如同迪迪埃的父母一样，这对父母也逐门逐户地去找他们的儿子，还请邻居帮忙，迫切地希望能找到他。但小孩还是失踪了，再也不会回来。我们永远都不知道他出了什么事。他是不是迷路了？他是不是被人绑架了？他是不是被野兽攻击了？他是不是掉到井里了？他是不是在池塘里淹死了？没有答案。与勒瓦莫纳夫妇不同的是，该案的母亲说她"无法指控是什么人带走了他"。丈夫甚至没有提到这种可能性。这个男人在星期天去听弥撒，去听神父布道，这样的天主教徒大概不会编造这类故事。这对父母也没有设想过他们的儿子成为犯罪受害者的可能性，更不用说是牲人祭。他们的叙述中并未出现可怕的犹太人的形象。当然，书记官没有告诉我们法官对这个故事有何种反应，他也没有说明，这个故事和类似的故事可能对法官判定拉斐尔有罪产生了多大的影响，尽管把这两个事件联系起来并不合乎逻辑。无论如何，法官对这些证言似乎并不感到惊讶，他们也没有拒斥这些证言，档案并未明确记载他们对此提出过哪些问题，尽管他们关于调查其他方面的提问都被书记官认真地记录下来。

另一个证言的作证时间是1670年1月30日，尽管它同拉斐尔·利维也毫无关系，但它有可能打动了法官，认为它提供了一些佐证——尽管并不牢靠。安贝尔·布鲁亚尔作证说：

> 大约10到12年前，他还是驻扎在这座城市的洛比塞尔阁下的军团的一名士兵。路过犹太街时，他看见人们正在清理该市一处犹太人房屋的地窖，他不知道房屋的主人是谁。他注意到，在从那个地窖清理出来的泥土里面有一个死人头，证人用手把它拿起来，又扔到地上。他去到警卫室，告诉下士说他看到并摸过一个人头。下士命令他着手调查，并从军团拨给他两名士兵。三人一起前往犹太街，来到他之前看见头骨的地方，但他们没能找到那个头骨。

这个故事也被湮没在堆积如山的审判档案当中。它既有令人毛骨悚然的细节，也有对犹太人的明确攻击，这些如若为爱德华·德吕蒙这样的作者所知，他很可能会借机大做文章。但请注意，这个证言所描述的事件据说是发生在很多年前，确切地说是十到十二年前。此外，对于它所牵涉到的那个犹太人，证人并不知道他的姓名，而这个犹太人似乎也没有被起诉，尽管似乎在他的地窖里发现了头骨。最后，虽然该案包含了这些关键要素，但它并未出现在任何司法档案当中。换句话说，这个证言想让我们相信曾经发现一个头骨，事件上报后由士兵开展调查，这些士兵原本必定会提交报告给上司，但最后却什么也没有。这个精彩的故事是否纯属捏造？头骨如果确实存在，它是否是小孩的头骨？证人没有提到这些，尽管他声称曾用手去拿那个头骨，然后又把它"扔"到地上。这个头骨的发现，显然是为了令人们联想到在格拉蒂尼的森林中发现的小迪迪埃的头骨。但同样，这个旨在给拉斐尔造成最后的致命打击的证词，它看起来仍然像是一个荒诞不经的故事，并且无论如何都与牲人祭无关。它如果被列入了审判档案，那也只是为了营造一种可疑的气氛：尽管没有确凿的证据，但既然审判过程中出现了大量的同类故事，并且是罕有的说法前后一致的证人所作的唯一证言，那么所指控的罪行怎么会是假的？

小迪迪埃的父亲吉尔·勒瓦莫纳确信拉斐尔·利维有罪。1670年1月中旬，他代表自己和妻子向最高法院提交了一份请愿书，他从头到尾反复强调牲人祭的指控，并坚决要求法庭给予拉斐尔·利维最极端的惩罚。利维代表了全体犹太人，勒瓦莫纳把他们视作随时准备"弑神的人群，因为他们是基督徒的敌人"。因此，谋杀男孩的事件被描绘成谋杀耶稣的重演，人们认为，犹太人必定无休止地再现这个令他们永远受到诅咒的野蛮场景。对于拉斐尔自称清白的抗议，吉尔·勒瓦莫纳嗤之以鼻，认为这只是为了"保护他的犹太教会堂，同时暗示他们不会杀害或牺牲任何基督徒，因为他们的法律不允许"。勒瓦莫纳夫妇屡次自称为寻求正义的"可怜的请愿人"："可怜的请愿人，他们失去了唯一的小孩，倘若这个可怜的无辜男孩是以其他方式死去，而不是因为这个新希律——为了在他的犹太教会堂举行惨无人道的野蛮献祭，这个新希律渴望获得他们的儿子的血——那么他们或许还能得到一半的安慰。"

从来没有哪个证人使用如此明确、如此激烈的语言作出牲人祭的指控。前面提到的各项指控——其中至少有一项暗示了牲人祭，即提到年轻处女的指控——都是在审判结束很久以后才作出，它们与利维事件也没有直接的联系。迪迪埃的父母本应是负责照看小孩的人，但对于他们来说，拉斐尔·利维是新的希律，为了他的犹太教会堂，他以他们的儿子作为牺牲，这是原初的弑神仪式①的重演，而对于基督教来说，这个弑神仪式就是世界历史的中心。勒瓦莫纳夫妇是不是想摆脱自身的罪责，才如此激烈地提出之前从未提及的指控？

早在1669年12月14日，拉斐尔·利维就已经驳斥了使用基督徒的血进行祭祀的说法，但毫无效果："他喊道，犹太人从不使用基督徒的血或其他任何人的血，也不使用未经加工的动物。在犹太人吃肉的时候，他们也要先把它泡在水中一个小时，把里面的血排出来，他们抹上盐再放一个小时，确保把血全部排干净，然后他们才把盐除去，同泡过肉的水一起处理掉。"

这段话准确地描述了犹太人清洁肉食的仪式。它还强调犹太人拒绝吃任何带血的食物，拉斐尔以此作为证明其清白的证据。他暗示说，任何遵守真正信仰的人都会否认牲人祭的指控，理由是摄食血液违背犹太人的宗教信仰。利维坚持这一辩护理由，并援引宗教来否认对他的指控。1669年12月18日，他说："对于犹太人来说，没有什么比这更可怕的了。"到最后，他还坚称"犹太律法不允许牺牲"。他否认绑架了那个小孩。1670年1月17日，酷刑开始之前，当被问及"已死的拉比是否让他们绑架小孩用作牺牲"时，他作了否定的回答。逆境把他逼成了业余历史学家和社会学家，所以当他在1669年12月18日受审时，他试图解释他对于自己遭到指控的看法："他说，由于他们的信仰与基督徒不同，并且无论住在哪里，他们人数都很少，所以他们总是遭到怨恨他们的恶人的错误指控。正因为如此，他们才特地向神祈祷，让他们免遭绑架小孩的指控，更何况，每当有小孩丢失的时候，人们往往谣传是被犹太人绑架了，即使他们从未产生过这样的想法。"

_____
① 指耶稣之死。——译者注

换句话说，拉斐尔自己摸索出了他所面临的可怕指控的社会学解释：永远处于少数地位的犹太人生活在往往带有敌意的人群之中，使他们成为最理想的替罪羊。他强调一个重要的观点：普通人在提出这个可怕指控的过程中扮演了决定性的角色。在整个庭审过程中，谣言正是起源于"民众"，同样也是"民众"对他们所羡慕或恐惧的犹太人发起猛烈攻击。诉诸暴力的也还是"民众"。拉斐尔明白这一点，因此他更多的是指责他的邻居而不是法官，他相信，法官是在危险的"民众"的持续压力之下努力尽到他们的职责。他最狂热的控告人恰恰是他多年的近邻，他们彼此熟识，平日里抬头不见低头见。当然，他的一些近邻，包括磨坊主和那个女佣，自始至终都是他忠诚的朋友，甚至为他作证。但拉斐尔清晰地意识到了犹太人与其天主教邻居之间的传统对立，许多犹太人在不同的时间和地点也都经历过这种对立。

不同证人提供的这些证词表现出对犹太人的强烈敌意。在吉尔·勒瓦莫纳看来，拉斐尔所谓的罪行无异于耶稣之死的重演，并认为犹太人应对此负责。他暗示，无论是从前还是当下，这些基督教不共戴天的"敌人"只有一个愿望：像他们以前的希律王一样，收集小基督徒的血液，以供在犹太教会堂使用。勒瓦莫纳无疑学习过洛林的反改革教理问答，所以他能够提及希律的名字并把他当作神秘的东方的代表，而《马太福音》曾指控希律下令屠杀伯利恒的无辜儿童。其他福音书虽然均未提到这种野蛮行径，但《马太福音》仍成功地把这位犹太人的国王描绘成曾经下达大屠杀命令的残暴君主。[①] 在基督教的想象中，希律就是与基督为敌的撒旦——

---

① 特别是参见Areh Kasher, *King Herod:Persecuted Persecutor*(New York:Walther de Gruyter, 2006), pp. 4o8ff.亦参见Emmanuel Haymann, *Hérode le Grand:Crimes et splendeurs sur la colline de Jérusalem*(Lausanne:Faure, 2005).有关希律王和基督教，参见Peter Richardson, *Herod, King of the Jews and Friend of the Romans*(Columbia:University of South Carolina Press, 1996), chap.12.

这是一个狂妄自大、令人极为不安的形象，与明显谦恭的拉斐尔·利维形成鲜明对比。然而，在吉尔·勒瓦莫纳眼中，他象征着犹太人的权力（尽管犹太人经常谴责希律）。最近的历史研究多少让希律王恢复了一些名誉：他建造了马萨达要塞，规划了凯撒利亚城及其港口，重建了一座雄伟的神殿，并在国家建设方面表现出卓越的才能。但在基督徒看来，他象征着无限的权力，是一个吞噬小孩的暴君。拉斐尔不幸成了他可怕的现代化身。

在1670年1月的请愿书中，迪迪埃的父亲称，拉斐尔"暗示他们不会杀害或牺牲基督徒，而且他们的法律也不允许。他的解释是错的，因为亚伯拉罕的牺牲和《旧约》都表明，他们的犹太教会堂的做法恰恰相反。这已足以证明，请愿人的指控是令人信服的，异教徒的《塔木德》并不能成为反驳的凭据，犹太人的唯一目的是压迫基督徒，培育对他们的仇恨，包括把他们比作狗"。

作为拉斐尔的主要控告人，吉尔·勒瓦莫纳是唯一提到亚伯拉罕的牺牲的证人，并把它当作犹太人用小孩做牺牲的铁证。这个观念与"圣洁神的名"的理念有关，后者要求在极端情况下（比如在十字军战争期间）牺牲儿童以避免改宗，它在德国甚至梅斯都有可能发生过。犹太殉难与牲人祭指控几乎同时发生，更是支持了这种假说。[1] 17世纪下半叶，在对拉斐尔·利维最后的攻击中，吉尔·勒瓦莫纳再度提及这个植根于亚伯拉罕牺牲雅各的记载的基督教幻想，为他的指控添上最后一个重要的砝码。

勒瓦莫纳也是攻击"异教徒的《塔木德》"的唯一证人，他将它与《旧约》并列，作为所谓犹太人对基督徒恨之入骨的根源。作为失踪的小孩的父亲，勒瓦莫纳是案件的核心人物，但非常奇怪的是，他似乎并未亲自作证，也从未与拉斐尔·利维直接对质。他的请愿书是在审判的最后才

---

① Yuval, *Two Nations in Tour Womb*, chap. 4.

提交给最高法院，时间是1670年1月12日，利维的律师博西尔刚在前一天作了精彩的总结陈述，包括指出证人证词充满了矛盾。勒瓦莫纳或许觉得亟须干预，因为博西尔严厉指责"出于宗教狂热和对犹太人的仇恨，为了毁灭犹太人而编造的一切"。由于被告律师勇敢地揭露了不可避免的宗教冲突所造成的后果，因此勒瓦莫纳希望通过以上陈述作出反驳。他猛烈的攻击有效地击中了要害，因为它采用的是近乎学术性的论调：他是该案中唯一使用《塔木德》来证明犹太人憎恨基督徒的人。这个地位低卑微的农民怎么会知道《塔木德》？一个生活在格拉蒂尼这个偏远小村庄的村民，怎么会知道存在这样一部著作？我们永远不会知道答案。他的请愿书还提到希律。这份请愿书提交几天之后，拉斐尔·利维就遭受酷刑并被处决。因此，可以理解为它是明确呼吁复仇的。

1669年1月16日，利维遭受了极其可怕的酷刑。梅斯的气氛近似于宗教战争，虽然教会并未以机构的形式参与其中。他们讯问拉斐尔，以查清——

> 作为较年长的犹太人，他知不知道犹太人在耶稣受难日和其他日子嘲弄天主教的神子受难之事。

> （拉斐尔）答，他不知道，并补充说，所有散布这种谣言人的都是民众中的渣滓，他们对（犹太）律法和犹太人的做法一无所知。

拉斐尔不但始终否认存在这种行为，他还小心翼翼地分辨出基督徒中间想要"伤害犹太人"的"恶人"，还有"民众中的渣滓"。一直到最后，拉斐尔·利维都坚持认为许多基督徒是清白的。例如，他称布雷军政长官是个"诚实"和"慷慨"的人。那个年轻的女佣也仍然是他忠诚的朋友，这个女孩——用她自己的话说——"信奉使徒和罗马天主教"。后来在极端敌意的气氛中，当人们强迫她转过来攻击拉斐尔时，她勇敢地回答说"她没有什么可以谴责拉斐尔·利维的"。当时还有其他"公正"的基督徒，包括拉斐尔的天主教证人，但法庭从未听取他们的证言；还有那个磨坊主，他对拉斐尔的支持从未动摇；那两个布雷鞋匠也是如此，拉斐尔曾在回来参加吹角节仪式的路上遇到他们。显然，拉斐尔从来没有因为吉尔·勒瓦莫纳的态度，就推断说所有的基督徒都反对他。他仅仅对"恶人"保持敌意，拒绝认可犹太人与基督徒天生对立的看法。

审判结束后，国王在一份日期不详的文件中呼应了这种宽容的精神：

> 国王禁绝并禁止接受和相信任何这类故事，他在发出的谕旨中明确指出："有时一些仇恨犹太人的基督徒会藏匿自己的小孩，或是小孩走失了，于是他们散布谣言说小孩是被犹太人带走、绑架、谋杀和牺牲，说犹太人吃掉小孩的心脏，喝小孩的血。因为这些恶毒的传说和毫无根据的故事，有无辜的犹太人被逮捕、起诉、监禁。众所周知，这些和其他类似的谣言都是假的，因为犹太人不做牺牲，也不使用任何牺牲做祭祀，也不吃血或喝血，尤其是偶蹄动物的血。因此，任何基督徒都不得基于这些理由指证任何犹太人有罪，也不得作为指证任何犹太人有罪的证人接受聆讯。"

不幸的是，对拉斐尔·利维来说，这个命令来得太迟了。不过，这份王家法令终结了因为利维事件而发生的多宗其他审判，它彻底否认了一些基督徒仍然天真地信以为真的各种迷信。巧合的是，国王也使用了"邪恶"这个形容词来描述那些轻信而不怀好意的基督徒，并把他们同像"最虔诚的基督教国王"本人一样排斥这些迷信的人区别开来。

这次审判之所以出现如此多的偏见，一个原因是，对于许多牵涉其中的人来说，宗教观念大体塑造了他们对世界的认知以及他们与时间和空间的关系。正如我们所见，拉斐尔的旅行时间是由宗教节日决定的，而在更广泛的意义上说，犹太历法规定了利维及其教友的日常生活。在这个反改革的时代，宗教日历同样规定了洛林天主教徒的生活，它见证了宗教活动发生的诸多变化。我们在许多证人的证词中都看到了这一点。伯梅回忆说，他从教堂听布道回来的时候，出去买樱桃的儿子还没有回来，他开始感到担心。他的妻子也说，当她的丈夫从教堂回家的时候，她第一次意识到她的儿子失踪了。案件的大多数证人都按照宗教活动来记录不同事件发生的时间，比如圣米迦勒节（出现在1477年发生在帕绍的一宗亵渎圣饼的指控中）或天主教传统的重要节日诸圣瞻礼节。

无名氏犹太人在他的日记中记录了许多天主教徒在案件中的角色，而他辨别这些人的身份的方式同样令人惊奇。他在第一页提到"洛林骑兵和其他天主教徒"跟拉斐尔同时进入梅斯城，以及拉斐尔后来在回家的路上遇到"两个基督徒"。然后他写道，"传闻有一个天主教农民的小孩丢失了"，"这个基督徒"曾和妻子一起到梅斯去。[1]关于事件的描述随处可见类似的身份标识。所有证人的身份都被明确标明，例如："两个天主教徒作证说"，"一个天主教妇女"前来作证，"来自莱埃唐的一个基督徒也说……"，另一个人则"从一个名叫克洛斯坎的天主教徒那里听说"。稍后，我们看到，"基督教妇女好几次传播谣言"，"另一个基督徒作证说"，"另一个基督徒和他的仆人声称看到……"。在这份日记中（但审判文件中没有记录），拉斐尔·利维是这样辨别某些证人的身份的："他声称，布雷的磨坊主、他遇到的三个天主教徒以及其他基督徒都可以为他作证……"日记中经常提到天主教徒和基督徒，但从未将天主教徒与该地区人数众多的新教徒区分开来（也许日记作者并不知道这种区别）。这一点特别值得注意，因为作者完全是用犹太历来标注案件的时间。他常用的

---

① Raphaël Lévy (of Boulay), traduction d'un Journalde ce procès, op. cit., *Archives Israélites*, July 1841, p. 418.

时间坐标是希伯月份，还有影响到相关人员的日常行为的宗教节日。虽然教会并没有参与指控拉斐尔，但人们看到的是两个并立却互不信任的宗教之间的对峙，仿佛是宗教这个结构性因素造成了对抗或至少是无可回避的距离，导致非理性爆发和牲人祭之类的迷信，并使犹太人在基督徒眼中成为格格不入的异类。

拉斐尔·利维拒绝以基督徒和犹太人之间的天生敌意来为自己辩护。像后来的德雷福斯上尉一样，他研究了有关其案件的记录，实际上已经成了该案件最称职的专家，但他还是不愿意笼统地指责他的邻居。他仅仅是攻击控告人的证词的内在逻辑，一步步地指明他们的论据的矛盾之处。他表现出了惊人的坚韧和论辩才能。他显然仔细阅读了卷宗，分析它的逻辑，辨析所有的事实错误和矛盾，甚至包括几乎难以察觉的用词变化。他不知疲倦地攻击某些带着敌意的判断背后的偏见，并不断地给负责审理案件的各个有关当局写信和递交请愿书。例如，有一份致梅斯最高法院但未写明日期的请愿书就出乎我们的意料。就像后来的阿尔弗雷德·德雷福斯一样，拉斐尔·利维在请愿书中强烈抗议当局没有把某些证据写到审判记录当中，这违反了法定程序的规则：

> 他们对他隐瞒了所有的细节，因为那些记录没有传达给他，原本有可能证明其清白的所有后续文件也是如此。单靠阅读案件笔录，并不能让他得到为自己辩护所需要的全部信息，何况他并不能完全听懂法语，法律术语就更难懂了。……请愿人深知，在刑事审判中，证人报告和其他同类文件属于机密，但有关发现（小迪迪埃的）尸体的证词的记录不应该是机密文件。……因此，出于公正合理的考虑，他应当得到这些记录和后续的其他非机密文件，包括他的审讯记录在内，好让他从中找出可能有助于证明其清白的任何证据，特别是确定发现

尸体的人是否是勒莫瓦纳及其妻子的亲属或是其他可疑的人，因为他们是在发现尸体后很长时间才告知法庭，他们有充分的时间，足以在尸体、衣物和他们认为合适的其他物品上面做手脚。

拉斐尔的顽强着实令人赞叹。他承认，他不是很懂法语，法庭所使用的法律术语则更难懂，但他明白刑事审判的程序规则。他呈交给法庭的请求所使用的语气十分沉稳："好让他从中找出可能有助于证明其清白的任何证据。"他希望反驳勒瓦莫纳夫妇的证词，弄清楚为什么会在没有当局见证的情况下，以那种奇怪的方式发现尸体。小孩的父母"在发现尸体后很长时间才告知法庭，他们本应请求法庭派专员去现场，让他拟备报告说明发现（尸体）时的状况"。总之，拉斐尔指责法庭允许自己被勒瓦莫纳夫妇和他们的朋友操纵，而没有尽到公正调查的基本义务。

拉斐尔尖刻甚至幽默地指出了控方证人证词的诸多矛盾之处。例如，1669年12月24日，他公开嘲笑了伊多特·夏邦杰的证词，说

> 于所谓的小孩在格拉蒂尼被"绑架"那天，她不可能看见他穿着灰褐色的斗篷、带着一个小孩进城……她前面说她不知道是在几号几点钟看见那个犹太人经过德意志门，但这个证人又说她看见那个犹太人长着黑头发，同时却没有注意到他的脸、他的身高、他的白马的颜色。这说明她的证言是虚假的，因为既然她有时间辨认出那个人是犹太人，就不可能没有注意到她前面所说的那几点。

夏邦杰指认利维就是绑架小孩的人，依据是他的头发的颜色，同时又坚持说她认不出他的脸，这跟玛格丽特·加桑的回忆如出一辙——她说她看到路过的那个人长着黑色的卷发，"但她记不得那个人是否被告"。拉斐尔说得非常中肯："他不知道证人是什么意思，因为她说不认识他。"

他已经多次指出他当天没穿斗篷（"证人作证是出于嫉妒，他们没说实话，而且他没有斗篷，也从来没穿过灰褐色的斗篷"），并且也没有其他证人可以作证，可是法庭却接受那些证词，这着实难以理解。事件的发展证明这个证据至关重要，因为拉斐尔拆穿了很多证人的说法，他们编造说他穿了斗篷，只是为了证明他有罪。事实上，正如其他证人所证明的，他那天只穿了一件衬裙，所以他不可能在里面藏着小孩。他自己指出，那天"非常冷"，他的手"在衬裙上面握住马缰，因为他没穿斗篷"。他在聆讯过程中数次提到这一点，他相信这是他清白的明证，因为想在这种衣服下面藏匿一个小孩是不可能的。他还拆穿了阿内·戈德莱漫无边际的证词，它们纯粹基于无法核实的道听途说，自然，她也说不清给她提供消息的那个人的身份。1669年12月2日，激情令她失去了控制，她作证说："她前两天还从瓦尔谢普里克一个农民（她不知道其姓名）那里听说，就在格拉蒂尼的那个小孩失踪当天，他遇到了那个拉斐尔，他骑着一匹白马前往梅斯，马身上全是汗珠，他身前有一个东西，好像是一个小孩。那个犹太人疾驰过去，斗篷被风卷起来，这时他甚至看到了小孩的头部。"

身上全是汗珠的白马，风卷起斗篷的瞬间，小孩的头露了出来……拉斐尔逐一为自己辩护。从1669年10月24日第一次受到指控开始，他就一再说明他骑的马是白色，马尾巴很短，并且他否认了声称见过他的骑兵所作的描述："那个骑兵说，那个犹太人所骑的马有一只耳朵被割掉了，那个犹太人比被告更强壮、更高大，他穿着灰色的斗篷，而被告的马已经确认两只耳朵都在，被告也没有斗篷。"

拉斐尔没有忽略任何一个细节，无论这个细节有多细微：他指出了一个任何人都能验证的简单事实，即他的马两只耳朵都在，这样一来，任何一个善意的人都能立即断定，这匹马并非那个骑兵见过的那匹，所以他也被误当成了那个人。同样，骑兵的指控前后矛盾，也应足以证明这些指控不是真的。他最初说他遇到了拉斐尔和那个小孩，但晚些时候，他却在法官面前承认没说实话，拉斐尔并非他所遇到的那个人，拉斐尔也没有用眼睛和手给他暗示，好像是要收买他让他不要说出来——这些暗示曾被视作这个犹太人有罪的铁证。

拉斐尔曾数次反驳屠宰商的妻子布莱塞特·托马的关键证词，但法官仍然认定这些证词是可信的。她说，分娩后不久，[①]她看见拉斐尔从德意志门进入梅斯，那个小男孩骑在马肩隆上。1670年1月8日，拉斐尔说：

> 他注意到，屠宰商的妻子说，在她分娩36个小时后，她看见请愿人带着一个小孩骑马路过。当他同该证人对质时，她说，他就是她当时见到的那个人。在行政官法庭审理本案之前和之后，她还对好几个人说过，当她看见请愿人带着一个小孩路过时，她还没有分娩。调查还将发现，她分娩就在那个据称被绑架的小孩失踪的前一天。如果她看见请愿人时尚未分娩的说法属实，那么她说看见请愿人带着一个小孩进城的时间，实际上是在本案中的小孩失踪之前几天。这是他清白的重要证据。

拉斐尔决心反驳这个关键点，这将对他所面临的指控起到釜底抽薪的作用，因为这个妇女的证词对案件至关重要。事实上，正如利维的律师所称，"屠宰商的妻子说她在中午看见被告带小孩进城，她解释说那是在上午十点到下午一点之间"，但"根据勒瓦莫纳夫妇的证词，小孩直到下午三点才失踪"。根据无名氏的日记，"丈夫说他的妻子在星期一分娩，然后在床上躺了两天。她躺在床上，怎么可能看到虔诚的人和那个小孩，何况她的窗户是朝后面开的？"在这种情况下，屠宰商的妻子的关键证词已经失效。但法院对此视若无睹，而选择相信这个女人臆造的证词。

---

① 要知道，当时许多接生婆都被视为女巫。

拉斐尔还要求听取非犹太证人作证，比如那个磨坊主，他们在从布雷到梅斯全程都在一起，在返回布雷的很长一段路途也是如此，最后还同时抵达布雷。[①] 他还建议传唤安德烈·勒穆尼埃，以及他在返回布雷的路上遇到并同他们打招呼的那两个鞋匠。又或者传唤布雷的外科医生让·谢雷，此人当时正准备前往勃艮第，拉斐尔在临刑前几天要求传唤他作证，但没有成功。他提交了一份请愿书，却石沉大海。他在请愿书中写道："要证明被告无罪，就必须在谢雷离开之前传唤他作证。"

在阿尔弗雷德·德雷福斯上尉之前两个世纪，拉斐尔·利维就已经使自己成为笔迹鉴定专家和翻译家。他仔细查看两个翻译员是如何翻译他的话的，并在德语和法语互译方面表现出令人惊讶的专业水准。他拒绝接受许多词语的翻译，抗议翻译不准确的地方，并称对他不利的某些词语并没有出现在他的陈述当中，比如"狗"和"骗子"等侮辱性词语以及"我不再为自己找借口"这句话。最后，他还质疑gefunden和gebunden之间的混淆，事实将证明这一点至为关键。他说，在交给女佣的第十封信中，他问那个小孩是否已经gefunden（找到）。但两个翻译员都把它看成gebunden，意思是绑缚或捆绑。这个翻译是一个关键证据：如果拉斐尔知道小孩遭到捆绑，如果他掌握这个信息，那么他无疑是有罪的。虽然女佣在受审时证实，拉斐尔从未说过"那个小孩被捆绑"这样的话，但法官还是认为他们终于找到了被告有罪的铁证。

但还有另外一件事情，拉斐尔承认他关于此事的证词有变化，这对他的控告人有利。阿姆洛·德·拉乌赛尽管对利维充满敌意，却被利维的骨气所折服，他非常兴奋地指出了这个唯一的漏洞。在10月14日的初步调查中，拉斐尔作证说，他把酒桶放到儿子的马背上，告诉儿子说他会追上

---

① 无名氏日记的作者说，磨坊主和两个鞋匠于10月15日接受聆讯。参见 *Archives Israélites*, July 1841, p. 424.但我们在审判档案中并未找到此次聆讯的痕迹。

来，因为"他的马驮的东西不重"。但在1670年1月16日受刑时，他作证说，"他的马背上已经装满了油和他在城里买的其他食品，他不可能再在前面带一个小孩"。辩才用尽、深感绝望的拉斐尔单单在这个问题上出现了矛盾，尽管他此前一直掌控着案件的每一个细节，并逐点驳斥他的控告人。但这个矛盾似乎并没有对最终判决产生很大的影响，因为法官并没有提及它。

拉斐尔·利维意识到，对他的审判一直片面而且偏颇。被判处死刑前几天，1670年1月8日，他预感到判决不会对他有利，于是他又向"最高法院的大人们"提交了一份请愿书：

> 自愿被囚禁在本市王家监狱的囚犯，犹太人拉斐尔·利维伏乞，在指控他的特殊案件的起诉过程中，他被告知，刑事长官一直明显倾向于听取不利于被告的证人证言，而从未听取有利于他的证人证言。刑事长官已经聆讯希望控告请愿人的全部证人，并精心安排将他们的证言记录在案；但当有其他人准备出庭作证，说他们看到一个骑马的男子带着一个小孩路过，而这名男子并非他们所认识的请愿人时，他却不肯聆听他们作证，称他们的证词没有用。

不仅有利于被告的证人未能作证，也没有任何一个犹太人被传唤作证。犹太人被认为不适合出庭作证，因为他们事先就被视为案件的当事人，因此他们会隐瞒真相，理由仅仅是他们和拉斐尔·利维拥有同样的信仰。换句话说，无论是犹太人还是非犹太人，没有一个证人能够作证为他辩护。尽管难以置信的陈述在记录中随处可见，并且拉斐尔和他的律师都已指出这些问题，但曾经在该地区消失的牲人祭指控突然重现，意味着他的命运业已注定。

# 第六章　迈耶·施瓦布家的"弑神"事件

审判过程中，另一个深深植根于基督教的想象的迷信也重回人们的视野，不过这次与拉斐尔·利维的审判无关。奇怪的是，这场案中案的审判直到1669年12月2日才开始，而迪迪埃·勒瓦莫纳早在9月25日就已经失踪，而拉斐尔·利维则是于10月14日第一次在监狱中受审。在此期间，已有众多证人出庭作证，人们发现了小孩的头骨，牲人祭的指控正在迅速推进。12月2日发生了一个新事件，最初看来，它似乎与被告的命运毫无关系。多位此前没有接受讯问的证人突然出面指证一场神秘的犹太人集会，称它差点儿造成梅斯一位可敬的基督徒被谋杀。负责总体调查的王室官员克洛德·达永允许这些新证人出庭作证，尽管他们对小孩失踪或拉斐尔·利维涉嫌在其中扮演的角色一无所知。在一系列聆讯过程中，他始终密切关注他们的证词，最后把它们跟拉斐尔·利维案联系在一起。事实上，听取这些证人作证的顺序并没有逻辑方面的原因，这使得这一系列指控笼罩着一层魔幻般的色调。

克莱门斯·帕奎因是安托万·克洛斯坎的遗孀，她在梅斯当裁缝，是第一个作证的人：

> 她说，她从死者即她丈夫那里听说，八九年前，居住在蓬蒂弗

瓦的农夫肖塞（已故）曾请他帮忙从本市的犹太人那里借十个埃居，他只好在耶稣受难日那天到犹太人马耶尔（原文如此）·施瓦布家里去，时间大约是上午十点或十一点。进入施瓦布家之后，他在一间里屋看到几个犹太人围在一张大桌子旁边，有人拿着戟，有人的帽子上插着羽毛，他们正在模拟神子死亡和受难的场景。他没有告诉她是否看到桌子上有什么东西，但在被那些犹太人发现后，其中一人拿着一把大刀冲向她丈夫，想砍他的脖子，但他躲了过去，刀砍中他的右手。同时他的斗篷被人拉住，他任由犹太人把它拽走，自己则从施瓦布家面向大街的门逃出去，施瓦布的妻子把斗篷送到门口还给他。离开那座房子后，他遇到犹太人比利耶，后者让已故的克洛斯坎最好不要把他所受的侮辱声张出去，他们会给他一枚价值六里达勒的硬币。不过，克洛斯坎不肯听他的话，而是立刻告到刑事长官那里。在那之后，证人和她丈夫对案情的进展一无所知，但她知道，她丈夫的手所受的伤过了一段时间才痊愈，因为她看到并帮他处理过那个伤口。

同一天，居住在梅斯的鞋匠师傅马丁·屈尼也作出与帕奎因相同的指控：

> 他说，八九年前，耶稣受难日那天上午，他在十一二点从犹太街走来，遇到梅斯的裁缝安托万·克洛斯坎。克洛斯坎举起血淋淋的右手给他看，说他刚刚在马耶尔（原文如此）·施瓦布家里受了伤，他在那里看到几个犹太人聚集在房子的里屋内，屋里摆放着三四张长木板，拼成一张桌子的模样，上面放着点燃的蜡烛，中间放着一个十字架。一些犹太人戴着帽子，有些人的帽子上插着羽毛，有人持长戟、长矛和刀。这些人看见了他，施瓦布的妻子把他推进屋里，喊叫说必须把他杀了，同时一个犹太人拿着刀过来，想砍他的脖子。他躲开

了攻击，但手还是受了伤。在努力逃脱他们的魔掌时，他把斗篷落在
了屋里，自己则从通向大街的门逃出来。在那里，他们把他的斗篷扔
出来给他。正当已故的克洛斯坎向证人讲述他遇到的事情，并给他看
手上的伤口的时候，两个犹太人，一个叫亚伦（姓氏未知），一个叫
格朗·比利耶，他们走了过来，他们让克洛斯坎到一所房子里包扎伤
口，还说要给他六个白埃居，让他不要小题大做。克洛斯坎回答说，
他决不会出卖他的血，他将提出控告。证人问克洛斯坎，那些犹太人
为什么对他那么粗暴，他说因为他意外地撞见了他们的集会，他们说
他不应该看到那个场面，也不应看到他们想要做的事情。他还补充
说，他在桌子上看见一个文具盒和纸张，从屋子里的布置来看，犹太
人似乎是想模拟我们的主耶稣基督死去和受难的情景。他不知道克洛
斯坎后来有没有到刑事长官那里报案，但他记得听到他说他去了，不
过刑事长官从未传唤他。从那以后，他就没再听说该案的情况。以上
就是他所说的全部。

归纳起来，这个迷信包含的要素如下：耶稣受难日（基督教日历中
最引人注目的日期）、耶稣基督受难、耶稣无休止的痛苦、他的流血（犹
太人被认为要对此负责）。基督徒通过高度仪式化的方式来纪念这一事
件，他们相信能在自己的身体里面重现耶稣受难的情景。千百年来，反映
这一事件的文字、绘画、雕塑不可胜计，这类音乐至今仍可在洛林的反改
革派教堂里听到。通过这两个证人的证词，基督教的终极奥秘被引入到这
场拖延已久的审判当中，并成为审判的焦点。这一意外转折瞬间改变了案
件的性质，因为它证实了犹太人对基督徒的蓄意攻击。两个案件之间的联
系是，耶稣受难日令人们联想到犹太教的逾越节，牲人祭的迷信认为，犹
太人会在逾越节牺牲小孩，并用他们的血来做无酵饼。当然，事情发生的

时间完全对不上：所谓的利维谋杀案发生在犹太日历的年初，即"恐怖的"9月和10月，这个时间与天主教的牲人祭想象并无瓜葛，因为这并不是犹太人做无酵饼以纪念他们逃离埃及和在沙漠中长期流浪的时间。

施瓦布案件更符合天主教的日历，因为它与耶稣受难时间恰好吻合。证人证言直接把我们带进天主教信仰的秘境，他们指控犹太人在施瓦布家昏暗的里屋模拟和嘲弄耶稣受难，烛光中依稀可见安放在长桌上面的十字架。长桌四面围着一些直接从中世纪的版画里走出来的影影绰绰的奇怪身影——那是一些犹太人，他们戴着无边软帽或有羽饰的帽子，手里拿着戟，一如最恐怖的噩梦中出现的形象。血——据称被犹太人嘲弄了数个世纪的耶稣基督的血，也是据称施瓦布"用碗等容器收集并用船运走"的血——是这个令人不寒而栗的恐怖故事的中心。[①] 这些血也是从克洛斯坎受伤的手上流出的血——如若不是他及时用这只手挡住，让对方砍到他的脖子，血还会流得更多。克洛斯坎的妻子作证说，克洛斯坎称他拒绝收受封口费，因为这将等同于"卖他的血"。除此之外，可能还有犹太人用刀捅进十字架后流出来的血。因此，如同特伦特的事件一样，对拉斐尔·利维的牲人祭指控突然发生了转向，令我们直面长久以来一直困扰着基督教的想象的另一个指控：在金钱交易这个较为普遍的背景下，用刀或枪攻击和亵渎圣饼。[②]

我们马上看到，头两个证人的证词有许多重要的分歧。克洛斯坎的妻子作证说，在克洛斯坎去世前，她听他说过，有一个叫作肖塞的人（已故）曾让他从施瓦布那里借钱。马丁·屈尼却说，是克洛斯坎本人告诉他此事，并且没有提到肖塞的角色。当然，谁都没有办法质疑克洛斯坎的

---

① 无名氏日记作者提到了这一指控，但在审判档案中并未发现任何记录。*Archives Israélites*, Jan. 1842, p. 15.

② 参见导言部分。

话，因为他已经死了，但他的妻子基于传闻的证词却被接受，就好像是克洛斯坎亲口所言一般。马丁·屈尼讲述的故事甚至比寡妇帕奎因的还要离奇，令他的听众不免为之动容：克洛斯坎在施瓦布家的里屋看到的犹太人不只拿着戟，还有刀和长矛，他们已经为谋杀活动做好了准备。在这个特别的耶稣受难日，他们不只是嘲弄基督。根据屈尼的说法，他们还攻击十字架，克洛斯坎在摇曳的烛光中依稀可以辨别出十字架的形状。十字架的存在揭示了这个黑暗集会的含义。然而，帕奎因夫人，即向马丁·屈尼讲述了这个故事的克洛斯坎的妻子，对这一切却毫不知情。她也完全不知道桌子上的文具盒或散落十字架周围的神秘纸张，也没听说过关于施瓦布的妻子所扮演的关键角色——据说她曾让那些犹太人把克洛斯坎杀了——的任何消息。在她讲述的故事中，施瓦布的妻子似乎很想救帕奎因的丈夫，因为她急忙赶上克洛斯坎并把被撕坏的斗篷还给他。她完全不知道，当亚伦和比利耶出钱让克洛斯坎不要把事情声张出去，也不要泄露关于犹太人的卑劣行径的任何消息时，克洛斯坎拒绝以"出卖他的血"作为封口的代价。然而，对于这些削弱证人证词的效力的分歧，检察官却视而不见。

一连几天，令人震惊的克洛斯坎事件退居幕后，法庭将注意力再次转向指控拉斐尔·利维的证人。然后在12月9日，在梅斯做园丁的热拉尔·芒若重提此事：

> 他说，在七八年前，他从梅斯居民、已故的安托万·克洛斯坎那里听说，他曾在一个耶稣受难日到本市一个犹太人家去，发现他家的门关着。打开门走到里屋时，他看见十到十二个犹太人围在一个活物周围，他们手里拿着长矛等武器，想要把它杀死。从室内布置来看，他们似乎是想再现神子受难的情景。那些犹太人发现克洛斯坎后，其中一人上来用长矛戳他，他不得不逃跑。克洛斯坎还补充说，幸好当

时门开着，让他能够逃出去，否则他必死无疑。克洛斯坎对他说，那似乎是马耶尔（原文如此）·施瓦布家，但他不敢肯定，因为他记不清了。他还说，他将告到刑事长官那里。

因此，屈尼和芒若的证词都删除了肖塞（已故）的角色——据说他曾让克洛斯坎（同样已故）从施瓦布那里借钱——仿佛是为了证明他们的证词的真实性。证人一个接一个出庭作证，故事不断地被添枝加叶，令事件的邪恶面目被放大。根据芒若的说法，聚集在桌边的不只是"好几个犹太人"，而是十到十二个，数字的准确性增加了故事的可信度，毕竟谁会编造出十几个在场的人呢？芒若还第一个提到现场有"一个活物"，犹太人"想要把它杀死。从室内布置来看，他们似乎是想再现神子受难的情景"。虽然克洛斯坎的寡妇作证说，她的丈夫"没有告诉她是否看到桌子上有什么东西"，但马丁·屈尼说克洛斯坎看到了一个十字架，芒若则坚称克洛斯坎告诉他桌上有一个活物，犹太人打算把它杀死，以模拟基督受难的情形。证词的性质也因此发生了变化：芒若不知怎的提到了"活物"这个词，这恰好是几个中世纪编年史家在描述亵渎圣饼时曾经使用的字眼。这使得在迈耶·施瓦布家里举行的耶稣受难日仪式显得更加可信，并且还以被亵渎和殴打的圣饼的形式出现了一个婴儿。[①] 证人们不断地添油加醋，谣言不断升级，一些戏剧性的细节被凸显或发明出来，令故事显得愈加逼真。一位证人突然编造出"一个活物"，使得该案与拉斐尔·利维的案件发生了内在的联系。倘若梅斯的犹太人多年以来一直通过牺牲受害者无情地嘲弄耶稣之死，那么他们对小迪迪埃遭遇牲人祭一事负责也就顺理成章了。血是犹太人的仪式必不可少的要素，这是所有涉及恶毒攻击天主教徒或天主教符号的故事的共同点。就如同戕害十字架的故事一样，关

---

① 参见导言部分。

于耶稣受难日的离奇仪式的故事也只包含了象征性攻击的一面。但如果确曾有一个"活物"被刺死，就像勒瓦莫纳家的小孩一样，那么犹太民族的弑神罪就被坐实了。整个事件的设计似乎就是为了说服法官相信这一点。如果十几个犹太人能够牺牲一个"活物"，那么当时尚未被判处死刑的拉斐尔·利维谋杀勒瓦莫纳家的男孩的罪名显然也能够成立。

继芒若之后，另一个名叫马蒂厄·德芒热的农夫宣誓作证如下：

> 某年的耶稣受难日，梅斯居民安托万·克洛斯坎曾到本市犹太人马耶尔（原文如此）·施瓦布家里去。他发现前门关着，他打开门，没看见人。他又打开里屋的房门，在那里，他看见九到十个带着武器的犹太人聚集在一个活物周围，那个活物有点像我们的主受难时的情形。其中一个犹太人一看到他，就朝他走过来，用长矛戳他。他没有说他受伤，但他不得不逃命。他还说，倘若不是门开着的话，他就被杀死了。证人还说，已故的克洛斯坎告诉他，他将告到刑事长官那里，但不知道他是否真的这样做了，因为在那之后就没再听说过此事。他说他就知道这些。

显然，这第四个证人的证词在各方面都与芒若的十分相似，比如有"九到十个带着武器的犹太人"在耶稣受难日那天威胁同一个"活物"。既然有四个证人，事情就错不了。这四个证人全都证实了耶稣受难日的重要性，而克莱门斯·帕奎因在提到这个日期时，只说了"大星期五"（grand vendredi），而不是像其他人一样说"圣星期五"①，这极大地削弱了这个日期的象征意义。

12月18日，之前仅属是可能性的东西变成了无形的现实。这一天，拉斐尔非常意外地被问到了一个问题，虽然它完全是建立在骑兵、鞋匠

---

① 圣星期五（vendredi saint），前文译作耶稣受难日。——译者注

和屠宰商的妻子的证词之上："在耶稣受难日和其他日子，犹太人是否在秘密的地点模拟神子受难死去的情形，并以此嘲弄基督教？"拉斐尔·利维当时完全不知道施瓦布事件，他天真地回答说："他从未听到他们讨论过这个问题，这种事情从未发生过。"12月24日，他们再一次直接询问他关于施瓦布事件的问题：在整个案件耗时最长的一次庭审中，在众多证人先后作证曾经看到拉斐尔带着小迪迪埃骑马经过之后，施瓦布案件的四个证人确认了他们最初的证言。不可思议的一幕发生了：拉斐尔毫无办法，他只能面对指证耶稣受难日集会的证人。他反对这些无稽之谈，坚称它们毫无事实根据。他合乎逻辑地反复强调一个观点：马丁·屈尼是以克洛斯坎的话作为依据，而克洛斯坎很久以前就死了，所以"该证人应当受到惩罚，因为他当时并未向当局报告他所知道的事情，这表明该证词是伪证，犹太人从未做过这种事情"。同样，他也反对克莱门斯·帕奎因的证词，称其"证词都是谎言，明显是为了中伤犹太人而编造的"。最后，在12月14日同马蒂厄·德芒热对质时，拉斐尔说对方的证词是"中伤犹太人的伪证……就像为同一件事作证的其他人一样，因为他们此前一直保持沉默，这表明克洛斯坎从来没有同这些证人说过那些话"。在为施瓦布辩护的同时，拉斐尔不知不觉地加强了这两个案件之间的联系，这帮了控方一个大忙。这个插曲营造的总体气氛对控方有利。尽管没有任何实际联系，但两个案件之间假想的关联仍令检察官备受鼓舞，他准备参照自己即将建议给予拉斐尔·利维的惩罚，要求给予施瓦布案相同的判决。

但在12月24日至1月17日，案中案却消失了，直到利维被处决之后才再次回到视野当中，就好像没有人理会与施瓦布有关的那四个证人，尽管他们曾经同所有其他证人、医生、翻译等一起作证指控拉斐尔。直到利维被判处死刑、备受折磨并被烧死之后，当局才回到那个所谓的离奇而邪恶的耶稣受难日犹太人集会上面，这个集会据称是在施瓦布家中举行，但利维坚称从未发生过。这时，施瓦布第一次在监狱内受审。这是案件的一个转折点，因为审问的内容不再只是在他家里举行的仪式，还包括绑架小迪迪埃一事。牲人祭与基督受难之间的联系此前只是证人们的设想，现在也进入了当局的想象。牲人祭指控出现了新的变化：它现在同亵渎圣饼的指控合而为一，从而与耶稣基督之死联系起来。这种联系可以追溯到中世纪，直到18世纪，梅斯等地都还上演相关的舞台剧。[①]

　　对施瓦布的审问首先从利维事件开始。施瓦布曾以犹太社区居民代表的身份，同另外六位犹太显要一起出席，他也是路易十四授权戴黑帽的七个犹太人之一。当被问及他和另外六人是否曾参与绑架事件时，他简单地回答说"他可以肯定，犹太人不做这种绑架"。随后的问题也涉及绑架勒瓦莫纳家的小孩一事，他全都以同样的方式作答："他对此毫不知情，他们不做这种事情。"然后出现了衔接两个案件的问题："问：犹太人绑架的那个小孩是否被钉死在十字架上，以嘲弄耶稣基督之死和受难？答：没有。"利维事件的基调突然发生了变化。有几个证人稍早前曾作证指控在施瓦布家里举行的离奇的耶稣受难日集会，而克洛斯坎也因为这次集会受伤，但他们并未提到绑架迪迪埃·勒瓦莫纳之事。1670年1月17日，利维惨遭火刑，利维事件就此结束。然而，当检察官指控施瓦布的时候，他仍然把这两个案件联系在一起。事实上，施瓦布和他的同伴已经被指控试图隐瞒绑架的证据。施瓦布事件由此具有了更重要的象征意义，而他本人也取代利维成为事件的中心。现在，所谓的耶稣受难日仪式成了事件的焦点，它带着我们步步深入到天主教想象的最深处——检察官问：小迪迪埃是否"被钉死在十字架上，以嘲弄耶稣基督之死和受难"？这事实上是逐字重复几个证人的原话，他们声称知道在施瓦布家里举行的集会。

　　检察官问施瓦布："犹太人是否有每年——特别是在耶稣受难日那

————————
　　① 参见导言部分。

天——模拟神子之死和受难的习俗，以蔑视基督教，当他们找不到可以用来进行这种仪式的小基督徒时，他们就使用十字架或其他人形象征物？"这时，他心里想的已不再是小迪迪埃被谋杀一事。检察官现在指控的施瓦布，已不再是据称试图搜寻迪迪埃的尸体以保护拉斐尔的那个人，而是耶稣受难日集会上的那个施瓦布，是那个亵渎圣饼的人。这类亵渎故事经常在梅斯剧院里以传奇的形式重现，并在天主教徒中间代代传承。基督之死取代了无辜的小基督徒之死，也取代了复活的基督化成肉身的"形象"之死——对于许多评论家来说，这个形象也是十字架上的基督的形象。[1] 1670年1月17日，施瓦布回答说："他们不做这种事情，他们已经没有做牺牲的自主权。从前他们有这种自主权时，他们牺牲的也是羔羊，从来不牺牲人类。"

后面的审问焦点完全是耶稣受难日的集会，而不是牲人祭：

问：七八年前的一个耶稣受难日，有好些个犹太人在他家里进行类似的不敬和可憎的行为，他（即被告）是否感到惊讶？

答：没有，没有人会这样说。

问：克洛斯坎的闯入是否令他（即被告）吃惊？当时他正同另外几个犹太人聚集在他家的里屋，他们手持刀枪，帽子上装饰有羽毛，所有人围在一张桌子旁边，桌上有已经点燃的大烛台，桌子中央放着一个十字架，有一个张开四肢的活物被绑在十字架上。

答：没有这种事，他家里从来没有刀枪，只有一把当作抵押物的银把手的剑。

问：当那些犹太人看见克洛斯坎时，是否有一人冲过来想掐他的喉咙？克洛斯坎躲了过去，但右手受了伤。

答：从未发生过此事，他从未在他家里见过那个克洛斯坎。

---

[1] Jean-Louis Schefer, *L'hostie profanée*, pp. 375-387. 参见引言部分。

问：是否是他，即被告，捅了克洛斯坎？

答：不是，从来没有这件捅人的事情。

问，当克洛斯坎受伤时，是否有人抓住他的斗篷以阻止他？斗篷是否留在犹太人手中？他则从通向大街的门逃走。

答，他一无所知，这一切都是谎言。

问：被告的妻子是否在门口把斗篷还给克洛斯坎？

答：没有，他和妻子一无所知。

问：克洛斯坎离开他家时，一个叫比利耶的犹太人是否对他说，只要他不把他受侮辱的事情说出去，他就会给他六个里达勒？

答：他一无所知。

问：克洛斯坎是否在被告家外面的大街上遇到一个基督徒？他向此人讲述了自己的遭遇，给他看自己的伤口。这时是否有两个犹太人到来，就是前面所说的亚伦和比利耶，他们是否让克洛斯坎到一所房子里去给他包扎伤口？他们是否说只要他不声张，他就能得到六个埃居？

虽然施瓦布坚称"所有这些问题都毫无意义，因为这些事情从未发生过"，但检察官仍顽固地继续追查。检察官自己把普通蜡烛篡改成异常高大、庄严的大烛台，并使用了"不敬"和"可憎"之类的词语，以突出对天主教信仰的侮辱。他充分发挥自己的想象力，断言"有一个张开四肢的活物被绑在十字架上"，事实上证人都没有这么说。一个活物"被绑在十字架上"，很快就会被一群犹太人牺牲并钉死十字架上，这样的场景强化了现场有一个十字架的印象，并证实犹太人的确是在重演弑神的仪式，因而应当给予最严厉的惩罚。

1670年1月18日，自信满满的检察官再次传唤该案的证人，他们逐一讲述了各自所了解的耶稣受难日邪恶集会的情况。曾于12月2日作证的三个证人毫不犹豫地坚持他们之前的证言。除了克莱门斯·帕奎因、马丁·屈尼和热拉尔·芒若之外，一个名叫雅克曼·诺兹（又名勒波洛）的农夫也作为新证人出庭作证，但根据他的说法，犹太人的邪恶集会不是发生在耶稣受难日，而是在圣米迦勒节，并且是在亚伯拉罕·莫朗格家而不是迈耶·施瓦布家里。施瓦布指出这些矛盾，并以此证明自己的清白。他还对证人是否诚实表示怀疑，因为有好几个人都欠他的钱。他说，马蒂厄·德芒热曾因为一笔马匹买卖的阴暗交易而变成他的"死敌"，芒若同样是"他的死敌，因为他不肯借给他抵押贷款……因为这件事，该证人甚至数次威胁要打被告"。同样，屈尼是"一个小人，只要给他五个苏，他就肯发一百个假誓。有一次，因为索要三十苏被拒，他甚至威胁过被告和他的妻子"。比利维案更甚的是，债务人对债权人的不满似乎演变成了刑事指控。如前所述，施瓦布是居民代表，其社会经济地位要显著高于拉斐尔·利维。在这个意义上，他处于优势的社会地位，这也使他处在许多金融冲突的中心，进而招来针对他的指控。传统的天主教信仰则强化了这些指控的表面合法性。

就在同一天，施瓦布的妻子西比耶·泽也跟她丈夫一样受到同样的审问。检察官也问她是否认识拉斐尔，是否知道他把小孩藏在哪里，小孩是怎么被杀死的，是谁把他的衣物丢弃在森林里。然后，毫无逻辑地，他从利维案转向在她家里举行的神秘集会，而她被指控在其中扮演了重要的角色：

> 问：犹太人是否有这样的习俗，即做牺牲或再现基督之死，以嘲弄天主教？
>
> 答：没有。

问：他们有没有可能使用小基督徒做牺牲？他们是否使用十字架或其他人形象征物？

答：没有。

问：七八年前的一个耶稣受难日，克洛斯坎是否意外地出现在被告丈夫的家里，令聚集在一间里屋内的许多犹太人吃惊？这些犹太人手所握着戟，有的戴着卷帽，他们围在一张桌子旁边，桌上有一个十字架或一个活人形状的东西，还有点亮的蜡烛、文具盒和纸张，这一切都是为了再现神子之死和受难的情形，因为他们仇恨和蔑视基督教。

答：没有，他们从未做过这种事情，她对此一无所知。

问：她，即被告，见到克洛斯坎时，是否用德语或希伯来语说过必须把他杀死？

答：没有，她从未见过克洛斯坎。

问：在她说完那句话之后，其中一个犹太人是否走向克洛斯坎，试图刺中他的喉咙，克洛斯坎躲了过去，但伤到他的右手？是哪个犹太人实施攻击，是否是她的丈夫？

答：恕她直言，这一切都是假的，她也从未听说有这种事。

问：克洛斯坎受伤后试图逃离时，犹太人是否抓住他的斗篷并继续攻击他？在他成功逃脱后，他是否把斗篷留在他们手中，是她在她丈夫家门口把斗篷还给他？

答：如上所述，她对此一无所知，这些事情从未发生过。

问：克洛斯坎是否在大街上向几个人诉说他的遭遇，是否有两个叫作亚伦和格朗·比利耶的犹太人，他们告诉克洛斯坎不要声张，只要他不把发生的事情说出去，他就可以得到一枚价值六里达勒的硬币，他们还让他到一所房子里包扎伤口？

答：她对此一无所知，这些事情从未发生过。

检察官接着又同迈耶·比利耶进行了类似的对话，比利耶对小迪迪埃的命运毫不知情，他同样坚称犹太人没有绑架小孩。检察官问他："犹太人是否模仿耶稣之死，特别是在耶稣受难日那天，以嘲弄基督教？"他回答说："犹太人永远不会做那种事。"1670年1月24日至30日这一周，检察官再次传唤了施瓦布案的某些证人。他还听取了另一对父母的证词，他们的孩子去买樱桃后再也没有回来，这个事件与利维案或施瓦布案都毫无干系，却使儿童面临的无所不在的威胁变得更加具体可感。

雅克曼·诺兹（又名勒波洛）再次作证，他明显夸大了他的陈述，同时增加了新的细节：

他作证说，大约八九年前，他从本市的犹太人亚伯拉罕·莫朗格那里买了一匹小马，价格为三个半皮斯托尔，八天内付清。付款期限届满时，他在圣米迦勒节上午八点到已故的安托万·克洛斯坎家去，后者是本市居民，正是此人从他那里买了那匹马。他们一起去支付马钱。两人到达犹太街后，他们要求在亚伯拉罕·莫朗格家里同他说话，却被告知他在一个邻居家里。克洛斯坎首先进入那个邻居家，该证人跟在后面。克洛斯坎打开里屋的门后，他听到有人说："你会付出代价的，小子。"同时他看见有五六个犹太人离开房间，冲向克洛斯坎，他们把他的斗篷撕成两半，证人不得不逃离那座房子，从死人桥门（Porte du Pont des Morts）离开。他和克洛斯坎沿犹太街往上跑，他看见克洛斯坎手上有一处小伤，他认为那是克洛斯坎自己在墙上蹭的。他不记得那是谁的家，也没听说那是马耶尔（原文如此）·施瓦布的家，他只记得有人告诉他，当时犹太人正在庆祝吹角节。以上就是他的全部证词。

诺兹证实了这个神秘集会的存在，却无意中证明了施瓦布的清白，因为他说这次集会并非在施瓦布家举行。他的证词表明，该案与一系列复杂的经济关系交织在一起，这些关系涉及动物买卖、发放信贷和未偿还的贷款。还需注意，暴力场面升级了，因为现在变成了"五六个犹太人"冲向克洛斯坎。奇怪的是，诺兹否认克洛斯坎是在这次袭击中受的伤，而是作证说他是"自己在墙上蹭的"——这与此前的证人所说的血腥场面相去甚远。但最引人注目的还是他的证言最后的内容。由于诺兹的证言，两种宗教日历和两项不同的指控明确地逐渐相互靠拢。那场据称以攻击克洛斯坎结束的可怕的犹太人集会，现在被说成发生在犹太教的吹角节。诺兹把事件放在圣米迦勒节，即九月底，它在时间上对应了犹太新年（或吹角节）和赎罪日，这时犹太人要吹号角。就这样，犹太人最初的集会，亦即发生对他们提出的第二项刑事指控的场合，第一次从耶稣受难日（即复活节前的星期五，时间在三月或四月）变成了要吹号角的圣米迦勒节。诺兹也是头一个没有提到攻击被囚禁的真人或十字架的证人。他的证词偏离了"嘲弄"天主教的主题，涉嫌攻击克洛斯坎的犹太人集会不再具有宗教上的意义。

然而，这份戏剧性的证词却没有引起任何反响。尽管诺兹的证言证明了施瓦布的清白，尽管耶稣受难日并未发生那次离奇的集会，但检察官选择视而不见。诺兹的证词对审判毫无影响，因为只有不计代价地坚持案件发生在基督受难的日子而非犹太新年，以维持其浓重的宗教色彩并重申弑神的指控，这场审判才有意义。王室检察官克洛德·达永决心把施瓦布家的集会时间确定在耶稣受难日，因而选择忽略它可能发生在吹角节的证词，而吹角节正是所谓的牲人祭发生的时间，它已经导致拉斐尔·利维被处死，施瓦布案件的被告也可能需要为自己的性命担忧。因此，检察官放弃了这个审讯方向，但在对拉斐尔·利维（他称施瓦布和萨洛蒙是"他在梅斯最好的朋友"）最后的审讯中，他再次问道："犹太人萨洛蒙和迈耶·施瓦布是否曾让他绑架小孩，以用作牺牲？"这是为了强调这两个人之间的联系，并打算利用这种联系指控他们。

1月30日，奇迹般地出现了一个有利于控方的新证人。由于他的证词，此前证人证言之间的矛盾可能造成的任何疑问被彻底消除了。梅斯商人雅克·穆瓦特里耶出现的时机恰到好处，他使施瓦布案重新回到宗教的层面上：

> 他作证说，大约九、十年前，具体哪一年他记不清了，但他记得是耶稣升天节或耶稣受难日，他曾让已故的克洛斯坎到本市一个叫朗贝尔的犹太人家里去，以查明他（即证人）卖掉的一匹马的最终价格。克洛斯坎在大约一个小时后返回，他说，因为证人的缘故，他差点儿被杀了。证人问是怎么回事，克洛斯坎告诉他，他到犹太街找朗贝尔说话，但他没在家，后来他看见几个犹太人进入马耶尔（原文如此）·施瓦布家，克洛斯坎就跟着他们进去，想看看朗贝尔是否也在那里。他看见那些犹太人下到施瓦布家后面一个位置较低的房间里。在那里，他看到那些犹太人正在鞭打十字架上的一个人或人形活物。当犹太人看见克洛斯坎时，马耶尔·施瓦布拿着一把刀走向他，并用这把刀割伤或划伤他的手。证人看见过克洛斯坎手上的伤。克洛斯坎十分害怕，浑身颤抖，费了很大力气才说明白发生了什么。记住，当时可能是上午10点或11点，克洛斯坎并未饮酒。以上就是他所说的全部。

这一次，故事完美地对接上了：证人表示，集会确实发生在耶稣受难日而不是圣米迦勒节，这与犹太教的逾越节大致对应，并且有人看见犹太人在象征亵渎圣饼的仪式中"鞭打十字架上的一个人或人

形活物"。因此，在获得太阳王嘉奖的模范城市梅斯，太阳王原本有
意把犹太人置于自己的保护之下，但这些犹太人因为没有可以牺牲的
男孩，他们就鞭打一名男子，以再现令他们永被诅咒的那次弑神行为
的场面。随着证人一个接一个出来作证，仪式的野蛮场景不断被放
大，在此时达到了顶点。这足以刺激获胜的反改革教会最病态的想
象。没有受害人失踪的报告，没有就这次恶魔集会进行任何司法调
查，众多犹太人举行嘲弄基督受难的仪式并且为如此多的证人所知，
却从未被公开谴责，这些都无关紧要。也没有人关心各个证人的证言
之间的诸多矛盾。杂乱无章的取证活动又进行了最后一周，直到1月
25日，检察官安排亚伦·阿尔方和迈耶·比利耶同若干名坚持指控犹
太人的控方证人对质。该案随后结案，被告被证明有罪。事情就此
结束。

1月29日，检察官向最高法院法官提交了一份请愿书："王室检察长
认定犹太人主犯有罪，他们也是拉斐尔·利维被定罪的案件的共犯，惩
罚应当适用于他们所有人，包括正在关押的迈耶·施瓦布在内。"在他看
来，近期所有的法庭辩论都是围绕耶稣受难日的神秘仪式进行的，作为该
案的主犯，阿尔方、比利耶和施瓦布不仅有罪，他们还是拉斐尔·利维
"案件的共犯"。毫无疑问，"惩罚"——即火刑——必须"适用于他们
所有人"。

# 第七章 民众暴动与王室联盟

利维和施瓦布案件涉及的那些人彼此熟识，也拥有共同的社交圈子。然而，由于反改革派主导了洛林的宗教事务，加上这里是路易十四、洛林公爵和神圣罗马帝国皇帝的角力场，导致当地的政治局势极不明朗，在这种情况下，人们的想象力有如脱缰之野马，完全不受控制。政治权力严重分裂，似乎没有什么力量能够平息众多出庭证人的焦虑。民众陷入名副其实的疯狂状态。这种疯狂的根源是某些牢不可破的天主教偏见，当地司法机关给它火上浇油，总督迅速放手不管则为它开启了方便之门——在这座象征着法国君主威权的城市，总督几乎从一开始就对拉斐尔·利维置之不理，这着实令人奇怪。

拉斐尔也意识到这一点，他说："散布这种谣言人的都是民众中的渣滓，他们对犹太律法和犹太人的做法一无所知。"在他看来，很明显，"每当有小孩丢失，人们就散布这种谣言"[①]。利维的律师也表示同意，他认为拉斐尔"绝对清白，他只是在民众口中才成为罪犯，而民众指控他的唯一原因就是他的犹太身份"[②]。密切关注此案的无名氏日记作者也不断批评"民众"的非理性行为。1669年10月13日，有传闻说已经在一只被钉死的木桶里面找到小孩。消息开始流传开来的时候，

---

[①] 1669年12月18日和1670年1月16日的证词。
[②] 1670年1月12日的证词。

　　有人说服小孩的母亲跟一群暴民一同前往总督府，要求见到小孩。但总督设法令他们相信那是谎言，使人群平静下来。然而，激昂的民情并未因此消退，那一天没有一个犹太人敢在城镇或乡间露面。那种情绪令（犹太）社区的处境十分危险。有几则报告称，民众（愿神保佑我们，赐予我们和平）打算在当晚揭竿而起。两位犹太显要去见总督，寻求帮助和保护。总督回答说，他相信这些报告，他还说，根据他在自己家门口所见，他认为指控是错误的。他在公共布告栏张贴布告，并令人高声宣布，任何人不得辱骂或袭击犹太人，违反此命令者将被罚款十个里达勒。人们还应警告他们的家属不得违反此命令。父母应对儿女的行为负责，主人应对仆佣的行为负责，拒不缴纳罚款者将被监禁。感谢上帝，这份公告令民众平静下来，没有人敢公开指控犹太人。①

不久之后，1月中旬，迈耶·施瓦布被监禁。当法警和法官护送他到监室时，

　　他们后面跟着一大群民众。任何人都可以看出，（犹太）社区处在十分危险的境地。但上帝，请赞颂他的名，他并未收回对我们的怜悯。他令总督给予我们恩典，让他的心中充满对我们的怜悯。司法官员同样如此，他们敦促总督关照我们，确保不会发生骚乱。总督派遣副官和许多士兵把民众隔开。随后警卫受命驻守犹太街八到十天，禁止基督徒在夜间进入。他又嘱咐城门警卫每小时巡逻犹太街一次，确保犹太人不受伤害。第二天，星期五，他再次发布并张贴一项命令，规定任何人一概不得在言语或肢体上攻击或以其他方式粗暴对待犹太人，违者罚款100个四分之一埃居。父母应对儿女的行为负责，主人

---

① Journal, op.cit., *Archives Israélites*, July 1841, p. 423.

应对仆佣的行为负责，拒不缴纳罚款者将被监禁。他还在整个周边地区张贴这份命令，蒙神庇佑，民众的情绪终于有所稳定。[1]

这两段重要的文本证明，对骚乱、屠杀、不受制约的非理性暴力的恐惧始终笼罩着犹太人。在两位希望避免暴力的犹太显要的请求下，总督派遣士兵保护梅斯的犹太人，但他们被限制在犹太人聚居区内，既不能进城，也不能到乡间去，只得枯坐家中。总督"一直关照"惊恐的犹太人，因为在拉斐尔·利维和迈耶·施瓦布相继受到指控之后，整个社区也必将面临同样的命运。幸得总督强力干预，最坏的情况并未发生，民众也没有发生暴动。面对罚款甚至监禁的处罚，许多潜在的暴徒想必打了退堂鼓。总督作为"最虔诚的基督教国王"的代表，他维持了和平的局面并保持对其领地的控制，捍卫了他所服务的绝对主义国家的法律和秩序。当牲人祭和亵渎圣饼"以嘲弄基督受难"的指控令群情激愤的时候，他两次保护犹太人免遭涂炭。他很快就意识到，在木桶里找到小孩的传闻是"假的"，这是一个"谎言"，并迅速采取行动予以纠正。现在还不清楚为什么同样是这位总督，他却对拉斐尔·利维案件的处理没那么警觉。他无疑也意识到人们对拉斐尔的指控是错误的，原本可以使用王室代表的名义进行干预。那么，为什么他这么快就把案件交给地方司法当局自行调查？在这个事情上，王室保护明显是有限的。国家保护犹太人不受民众暴力的侵害，却不愿介入对拉斐尔·利维的起诉。

然而，故事背后还有更深层的原因。在洛林，地方机构重叠繁复，导致中央政府代表和地方官员之间存在诸多冲突。大法官于3月初传召市民和神职人员，以确定一个与国王相对立的共同立场，而犹太显要此前已经要求国王干预案件。同犹太人竞争的商人和屠宰商参加了大法官的会议，

---

① Journal, op.cit., *Archives Israélites*, Sept. 1841, pp. 607-608.

会议召开时总督并不知情。于是他采取了反制措施。当他得知第三等级继续举行第二次会议的时候，他通知了其他部门，并在卫队长的陪同下亲自前去参会，这时他已经下定决心要解散地方显贵的此次集会。事实上，他不止一次强行干预了施瓦布的案件，并反对洛林最高法院所采取的行动。与此同时，一个犹太名流代表团出发前往巴黎，乞求国王介入。3月中旬，总督返回梅斯，并向犹太社区领袖确认，他将"向梅斯最高法院索要审判档案，他的任务包括从头到尾全程审查审判过程，以弄清案情的来龙去脉"①，这令翘首盼望他到来的犹太人极为满意。但地方司法当局对他不加理会，反而逮捕了维斯塔·利伯曼，并试图逮捕不在城里的亚伯拉罕·斯皮尔，这两人都被指控出钱让证人去森林里寻找那个小孩。后来，在3月29日，法院判定施瓦布须支付巨额罚款，并对其他被告判处不同的处罚。它还禁止犹太人在圣周期间进入市区，同时命令将其判决刻在一块铜匾上，再用一块石头把它固定在邻近犹太街的小广场中间。随后，"庭审记录被送到总督阁下手中，他审查了这些记录，询问了多个犹太人的看法，然后向命令他审查此案的国王陈述他的意见"②。总督请求利奥纳阁下向国王解释案情，同时命令暂缓执行最高法院的判决。但代表们拒绝接受这个命令，理由是总督的命令没有加盖王室印章，因此他们决定不予理会。

正是在这个紧要关头，里夏尔·西门勇敢地发表了《驳〈诉梅斯犹太人案情摘要〉》一文，他在文中写道："当下，梅斯的犹太人希望从最虔诚的基督教国王和他的御前会议那里得到同样的公正对待，国王和御前会议很容易就能发现迄今为止针对犹太民族的恶意中伤。这些诽谤纯粹是

---

① Journal, op.cit., *Archives Israélites*, Feb. 1842, p. 75.

② Ibid., p. 79.

基于虚假的报告和捏造的故事。"① 他接受了传统的王室联盟模式，强调"宗教热情或狂热可能对人们，甚至对他们的领袖的心理产生的影响"，这曾经"迫使许多王公贵族出手帮助犹太人，以对抗他们遭到的诽谤"。他要求国王亲自干预，以拯救迈耶·施瓦布和其他被关押的犹太人。1669年10月，一位犹太显要也曾为拉斐尔·利维一案前往法兰克福，请求皇帝进行干预，因为皇帝在洛林地区有显著的影响力，特别是洛林公爵还计划联合皇帝对抗法国国王。返回梅斯时，这位显要拿到了经过皇帝签署的命令，证明犹太人并无此种罪行。西门则是向路易十四求助，因为国王掌握着梅斯的最高统治权。此前路易十四已经在多个场合表达了保护犹太社区的意愿，并为此出台了若干举措。西门在《驳》文中展示了他对犹太历史的丰富知识，他写道：

> 犹太人每天都被指控憎恨基督徒，有些指控甚至称这种祈祷是犹太宗教的组成部分。但犹太人并没有这种亵渎行为，相反，作为臣民，在每个星期六和其他庄重的节日都在犹太教会堂为国王和王公们祈祷……《塔木德》第三章"拉比书"要求犹太人为他们的王公向神祈祷。在这一章，拉比哈尼纳说：为王国的和平祈祷，因为如果人不畏惧正义，他们就会自相残杀。题为 "Seder Tephilot" 的祈祷书中同样有犹太人在会堂里为国王和王公祈祷的内容："保佑、保持、维护、协助、扶助、加强、尊尚国王我们的主……愿众王之王怜悯他，令他富足……愿他保佑他统治绵长……愿众王之王令他的心充满慈悲，令他的王公和大臣的心充满怜悯，令他们善待我们和我们的弟兄以色列人，从始至终，愿犹大得救，以色列生活安康，救世主降临

---

① Richard Simon, *Factum servant de réponse au livre intitulé Abrégé du Procès fait aux Juifs de Metz*, op. cit., p. 7.

锡安。"①

因此，为了给犹太人辩护，西门援引了犹太人为国王或皇帝所做的著名的祈祷，这些祈祷是纵向联盟的见证。他不仅熟知这些内容，还利用它作为反证，以证明针对拉斐尔·利维及其同案被告的指控是毫无根据的。在他看来，在星期六和节日进行这种祷告的正统犹太教徒不可能犯下此种罪行。拉斐尔·利维既然曾经去梅斯购买用于吹角节和赎罪日的酒和号角，那么他必定是清白的，因为使用小基督徒进行牲人祭，将动摇犹太人和"最虔诚的基督教国王"之间的联盟。他详细描述了梅斯犹太人对他们的君主拥有的巨大信心，他们经常为他祈祷，盼望他干预并拯救他们。我们知道，1657年10月，即发生利维事件的十年之前，路易十四曾经在王后和众公爵的陪同下，于住棚节当天拜访了梅斯的犹太教会堂，并得到"盛大而隆重"的接待。②利维尽管结局悲惨，但梅斯犹太人仍然拥护他们的国王。在利维被处死和发生其他司法不公的事件之后，他们仍继续遵守与王室的联盟，因为"犹太人记得，这位伟大的国王对他们公正、仁慈、无私、公平。他们把他归入保护他们的好君主之列"③。

因此，王室联盟的策略④尽管脆弱，它却不允许出现有违"最虔诚的基督教国王"这一价值观的行为。而且，国王的大臣们对犹太人的作为感到满意，因为犹太人经常资助战场上的王室军队，给他们提供充足的食物和马匹。因此，人们有充分的理由期待国王进行干预。战争大臣德·卢

---

① Richard Simon, *Factum servant de réponse au livre intitulé Abrégé du Procès fait aux Juifs de Metz*, op. cit., p. 7.

② 引自Netter, *Vingt siècles d'histoire d'une communauté juive*, p. 52.

③ M. Charleville.Grand Rabbin de Versailles, "Louis XIV et les Juifs", *Archives juives*(48) 1887, p. 303.

④ 有关这个主题，参见Yosef Yerushalmi, "Serviteurs des Rois et non serviteurs des serviteurs.Sur quelques aspects de l'Histoire politique des Juifs", *Raisons politiques*. August-October 2002.亦参见Pierre Birnbaum, *Prier pour l'Etat.Les Juifs, l'alliance royale et l'Etat*(Paris:Calmann-Lévy), 2005, chap.1.

瓦侯爵建议帮助犹太人，因为犹太人曾资助法国的军事行动。国王听取了大臣们的意见，此前他已经从德·贝尔尼侯爵和他的父亲——外事国务秘书于格·德·利奥纳那里了解案情。他很快就决定不采纳"梅斯检察长提交的请愿书中过分的理由和结论"，因为在国王看来，它们是基于错误的指控做出的。他不仅没有驱逐犹太人，还保留了他们的全部特权，并准备援助这个对君主制度十分有用的社区。正是在这个时候，德·贝尔尼侯爵接见了从梅斯来到巴黎恳求王室干预的犹太代表团。面对他业已无能为力的拉斐尔·利维的悲剧命运，他叫道："你们想怎么样？你们的犹太人死了。你们为什么不早点儿来找我？"

1670年4月18日，御前会议发布政令，意图终结那两个案件：

> 梅斯市犹太社区向御前会议提交的请愿书称，他们的敌人多年以来找不到控告他们的任何理由，却企图以荒谬绝伦的罪名指控居住在洛林布雷的犹太人拉斐尔·利维，以败坏犹太人的名声。

> 他们声称，这个犹太人绑架了一个小基督徒，准备用作牺牲。为了使这个非常离奇的指控显得可信，他们利用了格拉蒂尼居民吉洛·勒莫瓦纳（原文如此）和他的妻子，他们的一个小孩失踪了，根据派往现场的医生的描述，后来在森林里找到他时，小孩的一半尸体已被吞食……

> 一些微不足道的证人被传唤作证，根据他们的证词，在纯粹猜测和怀疑的基础上，梅斯最高法院判处利维火刑，他现在已经被活活烧死。

> 请愿人原打算对该案保持沉默，因为他们无意替外来的犹太人辩护，尽管该判决也对他们造成伤害。然而，他们的敌人却企图利用该

案来压迫和毁灭他们。在作证指控拉斐尔·利维的证人当中，有人表示，他们从一个叫作克洛斯坎的贩马商（他们承认此人已经在八年前死去）那里听说，居住在梅斯的犹太人迈耶·施瓦布曾试图谋杀他，法庭根据这些证言裁定该犹太人的罪名成立，他被投入地牢，已经在那里受折磨三个多月，尽管指控他的证据并不充分。

　　然而，与梅斯最高法院对请愿人提出的严厉指控相比，这些迫害不算什么，而这些指控是根据同一位代理检察官的要求作出的……

　　这种极不正常的起诉方式，迫使请愿人拜伏于陛下之足下，恳求陛下施加援手和提供保护[历代先王和陛下本人（原文如此）从未拒绝这些请求]，并聆听他们的申诉……他们被指控对基督徒做出的残酷行为纯属想象，敌人的恶意和嫉妒是这些指控的唯一根据。

　　所有这些事情呈报给陛下后，他命令御前指挥部秘书德·贝尔尼侯爵阁下写信给国王在梅斯的总特派专员德·舒瓦西阁下，让他确保请愿人获得应有的公正对待。

　　执行该命令时，德·舒瓦西阁下搜集了有关该案的资料，为了掌握全部有关事实，他对梅斯最高法院称，陛下要求向他提供拉斐尔·利维和迈耶·施瓦布阁下的审判记录，以及根据代理检察官的命令收集的指控请愿人的资料……

　　但梅斯最高法院发出一道逮捕令。主要的请愿人当中，有一些人遭到监禁，却没有人告诉他们被拘禁的原因，其他人正在逃亡，以避免受到同样的对待，因为在当今的梅斯，仅凭犹太人的身份就足以受到指控和定罪。

　　然而，梅斯最高法院请求陛下将德·舒瓦西阁下免职，它指控请愿人的意愿似乎比以往任何时候都要强烈，因而并不满足于仅对几个犹太人发出逮捕令。它还通过一系列异乎寻常的起诉和极不正常的仓促程序，于3月29日公布了一项判决，判处迈耶·施瓦布罚款3000利弗尔，并命令继续审判亚伯拉罕·斯皮尔。此外，该判决还将镌刻在铜板上，用一根石柱固定在犹太街的广场中间，这清楚地表明该判决纯粹是为了败坏请愿人的名声，并留下敌人的仇恨和嫉妒的印记……

经综合考虑请愿书和1月6日、2月5日、3月29日的判决，国王在御前会议命令梅斯最高法院立刻把拉斐尔·利维的判刑理由，以及所收集的指控前述犹太人的所有其他法律文件、控诉状及资料，通过国王的检察长送交国王陛下。

同时，陛下明令禁止梅斯最高法院执行它在3月29日对迈耶·施瓦布等人做出的判决，待陛下另行发布命令后再作决定。

以上决定由国王出席的御前会议做出，该会议于1670年4月18日在圣日耳曼昂莱召开。①

尽管有御前会议的特别命令，梅斯最高法院仍然无视国王的意愿，打算继续起诉斯皮尔，因为御前会议的命令并未明确提到他的名字。它把利维、施瓦布及其同案被告的判决理由送达国王，试图作最后的抵抗。两位犹太显要再次赶赴巴黎跟进此事。此行的结果令他们满意，因为"政府把整个案件定性为错误的指控"，并命令立即释放所有被关押的犹太人。1670年8月，路易十四禁止再对斯皮尔作任何起诉，而他也不满意最高法院横加阻挠的态度，因而于1671年10月下令加快程序，以期一劳永逸地了解此案。

在利维和施瓦布案件的审判档案中，有一份已经破损、变色，且未标注日期，亦无签名，但仍值得引用：

（犹太人）已坠入极危险的境地，随时可能丢掉他们的财产……

---

① 这份御前会议的命令附于J. Reinach, *Raphaël Lévy*, pp. 197-202.

就好像他们使用和……拥有基督徒的血，并……被迫令它……国王……禁止并取缔这种信仰和观念，正如他就此事颁布的谕旨所显示，他在下列条款中说："有时一些仇恨犹太人的基督徒会藏匿自己的小孩，或是小孩走失，于是他们散布谣言说小孩是被犹太人带走、绑架、谋杀和牺牲的，犹太人吃掉小孩的心脏，喝小孩的血。因为这些恶毒的传说和毫无根据的故事，有无辜的犹太人被逮捕、起诉、监禁。众所周知，这些和其他类似的谣言都是假的，因为犹太人不做牺牲，也不使用任何牺牲做祭祀，也不吃血或喝血，尤其是偶蹄动物的血。因此，任何基督徒都不得基于这些理由指证任何犹太人有罪，也不得作为指证任何犹太人有罪的证人接受聆讯……倘若有任何犹太人由于上述或其他理由被逮捕或关押，必须立刻将他们释放。"

就像在他之前的历代教宗一样，这位"最虔诚的基督教国王"以超出所有人的热情，粉碎了指控犹太人绑架小基督徒并"吃掉小孩的心脏，喝小孩的血"的邪恶传言。国王禁止"这种信仰和观念"。他明确指出犹太人"并没有喝血"的信仰和传统，并作出明白无误的结论："任何基督徒都不得基于这些理由指证任何犹太人有罪，也不得作为指证任何犹太人有罪的证人接受聆讯。"梅斯的地方司法机构原本深受在洛林广为蔓延的反犹偏见所影响，现在路易十四强迫他们让步，因为他对这些"荒谬的谣言"充满了敌意。[2] 通过这一举动，路易十四展现了他对于王室联盟的忠诚。

国王尽管已经明确表态，但另一则指控犹太人绑架的谣言仍在1673年开始流传开来。距离梅斯不远，在一个名叫博德雷库尔的村庄，一名

---

① 贝尔纳黛特·勒莫瓦纳（"Double drame au pays messin", p. 4）注意到，尽管王室和教宗警告人们不要相信关于犹太人的谣言，但这被很多人直接无视："我们的洛林祖先是否知道来自上层的这些异议？他们大概不知道。"

妇女指控一个犹太人绑架了她的小孩。她到犹太街索要钱财，威胁如果提不到钱，她就要"全部告发"。在接受军政长官盘问时，她"承认自己的陈述前后矛盾，整个故事都是谎言。他把她逮捕，交由刑事长官起诉。"民众日益躁动不安："一个（天主教）男子打了一个犹太人。军政长官将该男子逮捕，并写了一封信给国王报告此事……同时小孩被找到，有人建议德·蓬波纳阁下（原文如此）以国王的名义写信表彰当局的做法，因为后者关押并起诉了这名男子。他还命令刑事长官对此事进行调查，但不要公布调查结果，而是提交给国王。"当国王、王后和整个宫廷于1673年7月30日抵达蒂永维尔时，三名犹太显要前去"称颂"国王，而"以色列的敌人"也为自己辩护，并攻击国王的代理人"拒绝将犹太人绳之以法"。但国王仅在梅斯短暂停留，他没有时间过问案情。在事态出现一系列新的发展，并有若干仍然保持警惕的犹太显要介入之后，国王"发布了一项赦令：它声明，国王确认，该男子目前已被关押较长时间，这已足以惩罚其罪行，但如有人散布关于犹太人的恶毒谣言，政府应立即将其逮捕并交给刑事长官处理，刑事长官不得公布调查结果，而应把结果呈交国王，并由国王发布他认为适当的任何命令"[1]。

国王对此案的干预同样值得注意，国务大臣阿诺·德·蓬波纳写给国王派驻梅斯政府的代理人维克托兰·德·拉沃加德的信件这样写道：

> 先生：
>
> 今天上午，我有幸把您写给我的信读给国王听，信里讲到一个梅斯妇女的小孩于上周五失踪，人们借机指控犹太人绑架了他，甚至攻击犹太社区，但主要是攻击两三个人。陛下批准您逮捕一名男子，因为他打了其中一名犹太人一个耳光。陛下不容许再发生同样的事，所

---

[1] Journal, *Archives israélites*, Feb. 1842, p. 82.

以您可以按您认为适当的方式将陛下的意志公之于众。陛下要求您把囚犯转交刑事长官，以便其通过王室检察官展开调查，调查结果也请呈报陛下。倘若发生类似的指控，您也可以做同样的处理，不必担心因为站在行割礼者一方而被告到御前。同时，请您相信，先生，我是您非常卑微但非常热心的仆人。[①]

1673年8月13日于南希

这封信完整地揭示了国王介入的程度：他不容许再发生同样的事。阿诺·德·蓬波纳甚至命令国王在梅斯的代理人在这类案件中采取坚决的行动，而"不必担心因为站在行割礼者一方而被告到御前"。然而，事实证明，这一系列指控激起的情绪非常激烈，就算国王及时干预，也几乎不可能制止所有危言耸听的谣言。国王的大臣开玩笑说，如果继续干预，当地民众可能会认为国王的人也是"行割礼者"。

1675年又发生了一起针对犹太人的指控，这次是刽子手的儿子指控犹太人利翁和藏维耶诱拐一个儿童，"他们把他藏在斗篷底下"——当年也有好几位证人指控拉斐尔·利维使用这种办法藏匿小迪迪埃·勒瓦莫纳，尽管利维只穿了一件衬裙：

> 于是，一大群人聚集起来，攻击利翁和藏维耶。军政长官听到风声，为了保护两个犹太人，他把他们逮捕入狱，交给刑事长官调查。刑事长官于下一个星期五展开调查，并审问了几个人。行政官法庭认定犹太人无罪，于是刽子手的儿子被逮捕入狱。王室高官和派驻最高法院的检察长把这一切报告给国王。国王答复说，刽子手的邻居也应该被逮捕。由于这个邻居未满12周岁，因此对他的惩罚将是由他的父亲在监狱鞭打他，并且该人（应当是父亲）要支付15个四分之一

---

[①]　AD Moselle, 17 J 26.

埃居的赔偿，并承担全部的诉讼费用。须当众把他带到法庭，他须当庭承诺终生不再做这种事。判决被送到国王那里，他认为惩罚还不够严厉。[①]

显然，梅斯的犹太人对王室联盟的可靠性有足够的信心，因而直接向国王上诉，到巴黎陈述他们的案情。他们找到最高当局，甚至说服他们进行干预，尽管为时已晚，但至少救了迈耶·施瓦布和他的同案被告。此外，面对新冒出的绑架谣言和日益激进的"庸众"，刑事长官对煽动身体攻击的"邪恶谣言"采取的措施越来越严厉。这些措施得到国王的支持，因为他希望对闹事者施加更严厉的处罚。这一切似乎进一步坚定了犹太人对于与国王纵向联盟的传统信念，但同时，犹太人对"民众"的恐惧也与日俱增，因为双方达成谅解的希望越来越渺茫。

对严厉的王家制裁的恐惧，并不足以阻吓居心不良的人继续传播"邪恶的谣言"。我们来看1667年同样发生在梅斯的另一宗案件：

> 一个名叫亚伦的犹太人来到被告蒙泰居的店里，靠在店面的柜台上。他称蒙泰居使用侮辱性和攻击性的语言把他赶走，说他不想让亚伦这样的人在他店里闲逛，还说，当他们任命拉比的时候，他们会使用基督徒的血。他又补充说，被告的儿子曾说过，他经过犹太街时，有人朝他冲过来，像是想要砍他的脖子，若非他及时逃走，对方就得手了。蒙泰居不愿意、也无法证明这些恶毒的侮辱和诽谤，也不知道他受了什么魔鬼的挑唆，因为他喝了酒。后来蒙泰居当着公证人的面声明那些都是假话，是冒失的诽谤，他对此感到后悔，乞求获得原谅。他请求亚伦和犹太社区原谅他，因为被告承认他的话与真相不符，并表示他永远不会再做同样的事。当地犹太社区的居民代表萨洛

---

[①] Journal, *Archives Israélites*, Feb. 1842, p. 83.

蒙·约瑟夫愿意接受以上声明，不再起诉。①

　　由此我们可以清楚地看到，尽管当局努力阻止，但反犹事件仍继续发生。一个犹太人靠在一个天主教徒的商店的柜台上，传统的指控突然就从店主口中冒了出来：犹太人"使用基督徒的血"，还经常攻击年轻人，证据是有人企图砍店主本人的儿子的脖子。但在该案中，梅斯近期发生的事件令控告人意识到，他有遭到惩罚的风险，因而承认那些都是醉话并撤销他的指控，称那是在"魔鬼"的挑唆下作出的"恶毒的侮辱和诽谤"。当着公证员的面，他乞求亚伦和犹太社区原谅，并承诺永远不会再做同样的事。

　　王室干预尽管未能阻止此类指控再次发生，但它可以预防和限制它们造成的影响。的确，晚些时候发生的其他事件表明，绝对主义国家尽管拥有强大的强制力，它仍无法凭一己之力改变人们的习惯或消除人们的偏见。例如，在1683年，有四个梅斯犹太人被指控绑架一个十一岁的女孩，但这个女孩很快就承认，这个故事完全是她凭空捏造的，目的是掩饰她没去上学的事情。1685年，一个南希商人指控两个梅斯犹太人"绑架了一个小基督徒，并把他藏的斗篷下面"。但是，在一个诺默尼人驳斥了这一证词之后，南希商人由于害怕被起诉，马上撤回了他的指控。② 在这个时期的梅斯，荒诞不经的故事仍层出不穷，并且犹太人似乎总是把猎物藏在斗篷下面！偏见似乎将永远持续下去。中央政府果断介入，它决心终结利维案件和施瓦布案件并恢复公共秩序，但仍无法彻底消除牲人祭的指控，它依旧深深地植根于基督徒的深层意识当中。纵向联盟虽然经常有效，但在这里触到了它的极限。

---

　　① 引自Pierre-André Meyer，"Un cas d'accusation de meurtre rituel à Metz au XVII è siècle"，in *La communauté juive de Metz au XVIIIe* siècle,p. 63.亦参见Gilbert Roos, *Relations entre le gouvernement royal et les Juifs du nord-est de la France au XVIIe siècle*(Paris:Honoré Champion, 2002), p. 163.作者引用了后来发生的其他类似案件。

　　② 鲁斯分析了利维案之后发生的多宗案件，参见ibid., pp. 162-163.

# 第八章　德雷福斯：
# 新的利维事件？

　　19世纪最后几十年接连发生了众多牲人祭指控，特别是在中欧地区。1881年至1900年间，这类指控至少有128宗。它们全都是指控犹太人谋杀基督徒，受害者通常都是小孩，所谓的目的往往是制作逾越节无酵饼。根据我们的统计，1891年至1900年间发生了79宗此类案件，主要是在奥地利、匈牙利、保加利亚和德国。有一些案件因为媒体广泛报道而变得众所周知，包括库塔伊西（格鲁吉亚，1879年）、蒂萨-艾斯拉尔（匈牙利，1882年）、科孚（希腊，1891年）、克桑滕（德国，1891—1892年）、波尔纳（奥匈帝国，1899—1900年）、克尼茨（德国，1900—1901年）以及后来的基辅（乌克兰，1911—1913年）的案件。这是一个民族主义情绪躁动的时期，它在许多国家造成局势混乱、政治失衡，极端反犹主义到处蔓延——第一届反犹大会就是于1892年9月在德累斯顿召开的。

　　犹太人被认定为民族国家的外部敌人。在现代性的背景下，犹太人的存在本身就是一种社会威胁，因为现代性削弱了传统，国家内部需要重构，现有的国家边界也遭遇外部挑战。长时间的相对平静（自18世纪末开始）之后，东欧的基督教反犹主义重新激活了与基督之死和亵渎圣饼有关的传统记忆，它导致牲人祭指控突然重新涌现，令东欧再度陷入大马士革事件的悲剧和非理性氛围当中。与此同时，许多犹太人已经成为现代性的拥护者，他们热情地融入身边的社会。在这种情况下，基督教再次成为民族认同的基石，令这些犹太人措手不及。他们被排除在集体想象之外，获得自由的希望也由此破灭。

法国已经有很长时间没有出现过牲人祭的指控。作为民族国家的发明地，法国的民族认同似乎相对可靠。尽管如此，它在普法战争中意外的惨败（1870年），还是带来了持久的彷徨，她的基本价值观和制度也遭到怀疑。失去阿尔萨斯和洛林部分地区令法国人深受创伤，也令他们对外来者和间谍充满疑惧。世俗化加速刺激了天主教徒的神经，他们与民族主义者结盟，后者仇视"犹太共和国"和新教徒，把他们视为天主教法国的"杂质"。正是在这种外部威胁和内部争斗复燃的背景下，阿尔弗雷德·德雷福斯上尉于1894年末以间谍罪遭到逮捕和审判，并被判处驱逐出境。案件随后沉寂了数年，尽管许多不太引人注意的发展还在持续。1898年，当真正的间谍埃斯特拉齐被判无罪时，左拉发表了著名的《我控诉》一文，事情开始朝不同的方面发展。在情绪空前高涨的反犹民族主义者的鼓动下，人们举行示威游行，反犹暴力蔓延全国。在1898年至1899年这两年间，直到雷恩的二次审判为止，法国一直处于近似被包围的状态，共和政权本身也面临威胁。

德雷福斯事件最白热化的时候，恰好也是发生波尔纳的牲人祭指控的时候，后者便是引起整个欧洲关注的所谓的希尔斯纳事件。奇怪的是，德雷福斯事件的专家极少探讨这两个案件之间的联系。发生德雷福斯事件的法国和发生希尔斯纳事件的摩拉维亚（属奥匈帝国）当时都处在动荡之中，因为它们都努力在与讲德语的敌人对抗的同时保持自身的身份认同。两个案件的嫌疑人都是讲德语的犹太人。

1899年4月1日，星期六，快到复活节的时候，人们在森林里发现了女孩阿内日卡·赫鲁佐娃的尸体，死因是他杀。二十三岁的犹太青年利奥波德·希尔斯纳很快就成为被怀疑的对象，因为在谋杀案发生前不久，有人曾在森林里看见过他。他于1899年9月在库滕堡受审，结果认定罪名成立，他被判处绞刑。托马斯·马萨里克谴责了这种"国际迷信"，认为"关于牲人祭的反犹迷信主要是出于经济上的动机"。他的信发表在《新自由报》上，引起反犹学生的愤怒，也令他遭到猛烈的攻击。马萨里克手握粉笔，大步走到教室前面，吵闹声淹没了他的声音，于是他在黑板上写道："波尔纳事件是基督教反犹主义的产物，我认为这是对国家的攻击……调查违背常理，泯灭人性。"

受奥古斯特·罗林的著作《〈塔木德〉与犹太人》（该书出版于1871年，很快就被翻译成捷克语）的影响，媒体一致谴责"歌林犹太人的德国化"，它们将"犹太人"等同于"食人部族"，并提出："我们是否必须保护自己，以免成为犹太人逾越节家宴的盘中餐？"无论是媒体还是许多城市吵闹的示威人群，都对马萨里克穷追猛打。另一方面，希尔斯纳的支持者则以赫尔曼·施特拉克的《犹太人和错误的牲人祭指控》为依据，这部出版于1892年的著作证明了罗林的指控是何其荒谬。

在这种紧张的气氛中，马萨里克尽管面临诸多威胁，但他没有放弃。他强调"建议的作用"，并写道："从心理学上说，波尔纳审判是德雷福斯审判的延续……牲人祭的迷信成了波西米亚人指控的理由……牲人祭涉及极野蛮的谋杀，怎么会有人指控犹太人从事这种仪式？"[①] 维也纳最高法院下令重审希尔斯纳一案，但他再次被判定希尔斯纳谋杀阿内日卡·赫鲁佐娃的罪名成立，并被判处死刑，后来改为终身监禁。他在监狱里服刑了19年，直到获得皇帝查理一世特赦。

---

① 马萨里克的两处引文出自Ernest Rychnovsky, ed., *Thomas Masaryk and the Jews* (New York:B. Poliak, 1941), pp. 11 and 233.

同时，在雷恩，军事法庭同样第二次判定阿尔弗雷德·德雷福斯有罪。这两宗案件有很多共同之处。更重要的是，证人们也知道这一点。例如，在1899年9月的审判中，检察官曾将希尔斯纳案件与德雷福斯案件作比较。德雷福斯同样两次被判定有罪，并同样是在特赦后获释，但德雷福斯出狱要比希尔斯纳早得多。德雷福斯于1906年被确认无罪，而希尔斯纳尽管于1918年获特赦出狱，但仍被视为有罪。乍一看，叛国罪与牲人祭罪行似乎不具有可比性。但当时的人并未被这种表象所蒙蔽，他们经常把德雷福斯和希尔斯纳放在一起比较，就如同把左拉和马萨里克放在一起比较一样。① 实际上，德雷福斯和希尔斯纳都是同一种阴谋的受害者，这些阴谋是由民族主义和反犹主义反动分子设计的。左拉和马萨里克捍卫自由的秩序，他们公开抨击司法腐败、伪造的证据、伪证证词和普遍的非理性，

① 参见伊莱尔·基埃瓦尔关于这一主题的许多研究，如 "Death and the Nation:Ritual Murder as Political Discourse in the Czech Lands", *Jewish History*, vol. 10, spring 1996, pp. 75-91; *Languages of Community.The Jewish Experience in the Czech Lands* (Berkeley:University of California Press, 2000), chaps.8 and 9; and "Neighbors, Strangers, Readers:The Village and the City in Jewish-Gentile Conflict at the Turn of the Nineteenth-Century, *Jewish Studies Quarterly*, vol. 12, 2005, pp. 61-79.感谢伊莱尔·基埃瓦尔提醒我将德雷福斯与希尔斯纳作比较，以及把左拉与马萨里克作比较。亦参见Michael Curtis, "The Hilsner Case and Ritual Murder", in Robert Garber, ed., *Jews on Trial* (Jersey City:KTAV Publishing House, 2004), pp. 49-65; and Steven Beller, "The Hilsner Affair:Nationalism, Anti-Semitism and the Individual in the Habsburg Monarchy at the Turn of the Century", in Robert Pynsent, ed., *T. G. Masaryk (1850-1937)* (London:Macmillan, 1989), vol. 2, pp. 52-73.卡尔·克劳斯同样把希尔斯纳与德雷福斯事件放在一起比较，但他的"自恨"使他明显偏离马萨里克的立场。雅克·勒里德认为："面对德雷福斯事件和希尔斯纳事件，他的'媒体批评'失去了目标，只好一再重复'文化批评'的陈词滥调。这种'文化批评'总是热衷于揭露大众传媒的堕落，但在定义知识分子在反犹主义这个20世纪欧洲社会的主要问题当中扮演的角色时，它的说服力就要大打折扣。"参见Jacques Le Rider, "Critique de la presse à grand tirage ou hyperassimilation à la norme culturelle ?Les réactions de Karl Kraus, dans Die Fackel, au procès pour "'crime rituel' de Polna et à l'Affaire Dreyfus", in Juliette Guilbaud, Nicolas Le Moigne, Thomas Lüttenberg, eds., *Normes culturelles et construction de la deviance* (Geneva:E.P.H.E.Droz, 2004), p. 207. 有关牲人祭主题于19世纪末在欧洲重现的问题，参见Francesco Crepaldi, "L'omicidio rituale nella 'moderna' polemica antigiudaica di Civilta Cattolica nella seconda metà del XIX secolo", in Catherine Brice and Giovanni Miccoli, eds., *Les ratines chrétiennes de Vantisémitisme politique (fin XIXe siecle-XXe siècle)*, op. cit., pp. 65ff.

民族主义者和反犹主义者则反对这种秩序。从左拉和马萨里克的作品可以看出，他们尽管也对犹太人抱有同样的偏见，但他们捍卫真理，呼吁重新审判，纠正极不公正的司法秩序，显示出巨大的勇气。

维也纳的反犹主义者也注意到了两宗案件（及它们的主人公）的相似性。一位演说者公开谴责希尔斯纳的罪行，他的听众包括维也纳的反犹市长卡尔·卢埃格尔。另一位演说者则谴责德雷福斯。《新自由报》抱怨说："维也纳迫切需要一个左拉。"在法国，民族主义者和天主教理论家也坚称牲人祭是真实存在的。阿贝·沙博蒂早在1882年就竭力证明这一点。[1] 1886年，爱德华·德吕蒙也在《犹太法国》中就此发表了长篇大论。同年，雅布专门用一大章的内容探讨特伦特案件，他最后总结说："即使在今天，犹太律法都还要求每个犹太人在复活节喝基督徒的血，他们还需要基督徒的血来进行割礼和其他宗教仪式。"他补充说，牲人祭"在今天仍然为任何遵守犹太律法的犹太人所遵循……但至于犹太人还在抽我们的血、剥夺我们的生命，这种说法似乎有点过分"。[2]

1889年，奥古斯特·罗林的《〈塔木德〉与犹太人》法译本出版，它成为指控犹太人的新武器。1890年，一个署名为马丁内斯博士的作者出版了一本题为《犹太人是敌人》的小册子，他以特伦特案件和德吕蒙的说法为依据，指责"犹太人谋杀了无数基督徒，尤其是小孩，以获得他们的血"[3]。德雷福斯事件爆发时，舞台已经搭建完毕。1894年11月6日，主要的反犹民族主义报纸《十字架》在头版谴责了这个"叛徒"："在德国和法国，每次针对犹太人的审判都轻描淡写地了结。这就是整个德国的

---

① Abbé Chabauty, *Les Juifs, nos maîtres*!(Paris, 1882).

② Jab, *Le sang chrétien dans les rites de la synagogue moderne*, 1886. BNF. A 20507, pp. 208 and 280

③ Dr. Martinez, *Le Juif, voilà l'ennemi.Appel aux catholiques* (Paris 1890), BNF 8° Lb57-1oo62.

媒体在弑婴仪式的审判中异常沉默的原因……是的，他们是被咒诅的民族，而我们是基督徒。"① 在德雷福斯事件的全过程，这份报纸不厌其烦地反复提及牲人祭的指控，并就这个问题发表了无数文章，当中充斥着最骇人听闻的细节，而且往往与针对德雷福斯的指控有关。1898年4月12日是复活节，《十字架》报道了在巴黎上演的一出耶稣受难剧，文中提到，当犹大上台时，大厅里的人们喊道："德雷福斯！"4月28日，该报谴责"复活节前一天，一个犹太妇女在耶路撒冷绑架了一个小天主教徒"，并说"这个吃人妖魔可能是想把她当作牺牲，以供奉《塔木德》的特塔勒斯"②。报纸随后转到据称被"大马士革的犹太人放血"的托马神父一案，最后总结道："愿这位殉道者把我们从德雷福斯派信徒手中解救出来，这些人以他们的神圣律法的名义，偷走了我们的孩子的灵魂！"

雷恩审判后不久，德雷福斯得到特赦，并于1899年9月26日获释出狱。这时，《十字架》讨论了古热诺·戴穆索的著作《犹太人、犹太教和犹太化》，这本书讨论的全部是犹太人所谓的牲人祭犯罪。《十字架》用了整整一个版面来探讨"波尔纳的牲人祭事件"，它根据《自由言论报》的报道谴责法庭的宽容——克桑滕的被告就是这种宽容的受益者，他最后被无罪释放。紧接着，报纸表示担心希尔斯纳也将逃脱死刑，因为犹太人拥有不可抗拒的神秘力量，他们在东欧和法国都曾进行干预以保护他们的人，共和国总统赦免德雷福斯就是一个很好的例子，尽管德雷福斯已经

---

① *La Croix*, Nov. 6, 1894.
② 古高卢人用活人做牺牲供奉的神祇。——译者注

在雷恩第二次被判定有罪。[①] 反犹联盟在出版一本题为《共济会式谋杀、牲人祭、犹太叛国》的小册子时，新书通告上印有关于两宗牲人祭的骇人图画：一宗发生在蒂萨-艾斯拉尔，另一宗发生在特伦特。在这些图画中，犹太人手持巨大的刀具直接给赤身裸体的年轻人放血，并把他们的血收集到盆里。[②] 同一页下方画着"叛徒德雷福斯"的漫画。小册子的内容则试图证明，在大马士革事件期间，欧洲的犹太人是怎样出钱给法国领事馆的雇员，以诱使他们毁灭证据："德雷福斯事件中不也发生了同样的事情么？……看样子，这份判决书明显是专为今天的德雷福斯派犹太人设计的，难道不是吗？"在小册子的作者看来，希尔斯纳也是如此："因为他们的另一个受难同胞德雷福斯，犹太人曾经短暂地分心。但在那之后，犹太人很快就募集到足够的黄金来从事他们惯常的腐败活动。尽管他们已经供认（就如同在法国一样），他们仍然获得了重新审判的机会（就如同在法国一样）。"[③]

犹太媒体同样把两个事件放在一起比较，但指出犹太人在两个案件中都受到了不公正的指控。在发生德雷福斯事件的那些年中，甚至在那之前，《犹太世界》、《以色列人档案》和《犹太研究评论》就多次讨论过牲人祭指控的问题。研究德雷福斯事件的历史学家忽略了故事的这一方面。然而，关于牲人祭的文章在这些年层出不穷，包括关于中欧各个案件

---

① *La Croix*, April 12 and 28, 1898, and Sept. 26, 1899.亦参见May 22, 1895, Nov. 19, 1896, April 2 and June 1, 1898, and Aug. 24 and Sept. 27 and 29, 1899.皮埃尔·索兰引述了其中的一些文字，并写道："博讷（Bonne Press）出版的东西一直都相信'牲人祭'的传说。" *La Croix et les Juifs (1880-1899)* (Paris:Grasset, 1967), p. 142.亦参见pp. 296-297.在天主教界，还应注意R.P.康斯坦于1897年出版的小册子《面对教会和历史的犹太人》，作者是德吕蒙的追随者，他试图证明牲人祭在许多地方都真实发生过，包括特伦特和大马士革案件，一直到当代。*Constant, Les Juif devant l'Eglise et l'Histoire*, 1897.BNF Microfiche.8-H-6171.

② 小册子《共济会暗杀、牲人祭、犹太叛国》的宣传海报，BNF Fol M Pièce 20.

③ *L'assassinat maçonnique, Le crime rituel, La trahison juive* (Paris, 1905), p. 37. BNF 1.1-MFC, pp. 37 and 56.

的报道以及关于较早事件的历史研究。例如，在我们搜集的文章当中，有的讨论了1470年在恩丁根被严刑拷打后供认并被处以火刑的犹太人，有的则讨论据称被五个犹太人杀死并用来献祭的一个拉瓜迪亚小孩。① 有一篇文章写的是18世纪的洛伦佐·甘加内利为教宗本笃十四世写的一份报告，该报告宣布针对犹太人的一切牲人祭指控均不成立，它本应能够一劳永逸地杜绝"源于神秘的血液观念的大众想象"。②

　　德雷福斯事件期间，关于牲人祭的文章成倍增加。在事件最白热化的时候，这几乎成为必谈的话题。在这个名副其实的"反犹时刻"，犹太人的处境极其危险。③ 海因里希·海涅关于大马士革事件的书信也在这个时候出版。④ 有些人则特别关注波尔纳案件，捷克人把它与德雷福斯事件作比较，⑤ 同时谴责基于相同原因在克尼茨（普鲁士）发生的迫害。⑥

　　更重要的声音来自《以色列人档案》，它经常把德雷福斯事件和同时代发生在中欧的牲人祭指控联系在一起。雷恩判决翌日，这份报刊就写道："库滕堡的陪审团已经作出判决，其结果与雷恩军事法院的判决有些相似。陪审团以11比1的投票裁定希尔斯纳本人并未谋杀受害者，但12名

　　① J. Kracauer, "L'Affaire des Juifs d'Endingen de 1470", pp. 236-237.亦参见同一期的另一项重要研究：Isidore Loeb, "Le saint enfant de La Guardia", pp. 203-232.亦参见Loeb, "Brelan d'accusations", *Archives Israélites*, June 1895; and Schwab, "Le meurtre de l'enfant de choeur du Puy, 1320." 1881年，勒布还写了一篇长文，专门探讨1754年发生在科尔玛的赫茨尔·利维事件。赫茨尔·利维被诬告盗窃，并被折磨致死，但不到一年就得到平反。Isidore Loeb, *Hirtzel Lévy.Mort martyr à Colmar en 1754* (Versailles:Imprimerie Cerf et fils, 1881).

　　② "Un Mémoire de Laurent Ganganelli sur la calomnie du meurtre rituel", *Revue des Etudes juives* 18 (1889), pp. 178-185.

　　③ Pierre Birnbaum, *Le moment antisémite. Un tour de la France en 1898* (Paris: Fayard, 1998).

　　④ *L'Univers israélite*, July 22, 1898.

　　⑤ *Archives israélites*, Dec. 14,1899, April 12 and Nov. 1, 1900.

　　⑥ Ibid., May 10, June 28, and Nov. 15, 1900.

陪审员全部都认定他曾参与犯罪，因此判他死刑。"①

亨利·普拉格称，在这两宗案件中，控告人都是依靠伪证来起诉无辜的人："德雷福斯上尉案件中的伪证，直接源自于中世纪关于我们的教友谋杀小基督徒的不实指控……这些伪证可谓与时俱进，它们根据现代生活的状况作了调适。多疑的巴黎人大概不会相信针对犹太人的牲人祭指控。"②

本着同样的精神，《犹太世界》总编辑伊萨耶·勒瓦扬写道："严格意义上说，受到军法审判的那个人并非德雷福斯上尉，甚至也不是犹太人德雷福斯，而是一直存在于天主教想象中的普通犹太人：弑神的犹太人，在水井里下毒的犹太人，亵渎圣饼的犹太人，从事牲人祭的犹太人。"③

毫无疑问，"德雷福斯事件与我们的祖先（在中世纪）面临的在水井里下毒和牲人祭的指控完全相同"④。在这个法国反犹情绪炽烈的时期，有无数文章探讨了中世纪的非理性（包括在水井里下毒和牲人祭的迷信）回归这个话题，中世纪所特有的轻信、狂热、迷信、无稽、闲话，在现代

---

① Ibid., Sept. 20, 1899.1899年10月12日，《以色列人档案》还写道："可以预料，那些不择手段想要消灭犹太人的家伙必定会竭尽一切手段，蒂萨-艾斯拉尔和德雷福斯事件就是明证。"

② Ibid., Oct. 20, 1898.根据亨利·普拉格的说法："反犹主义者的目标是破坏犹太人的名声，令公众反对他们。臭名昭著的牲人祭犯罪具有太多的中世纪和东方色彩，在当代法国不会成功。在这个沙文主义泛滥的时代，只有控告一个犹太军官以叛国罪，才能激发公众的想象力，点燃他们的热情。"*Archives israélites*, Sept. 22, 1898.亦参见1899年10月12日一期，普拉格发表文章指出，在德雷福斯事件中失败之后，德吕蒙利用波尔纳的牲人祭指控，再次激起反犹骚动。1900年2月8日，《以色列人档案》谴责教宗在德雷福斯事件和波尔纳案件中保持沉默，"令残酷无情的僧侣为所欲为"。在1900年2月15日的同一份报刊上，普拉格再次把两宗案件中的伪证问题放在一起比较。1900年6月21日，他回顾了波尔纳和克尼茨的牲人祭指控，并再次强调，两宗案件都像德雷福斯事件一样，见证了"潜藏于心底的仇恨的爆发"。在希尔斯纳第二次被判处死刑之后，布拉格于1900年11月22日把它与德雷福斯的两次定罪作比较。

③ *L'Univers Israélite*, Sept. 1, 1899.

④ *Archives Israélites*, Sept. 13, 1899.

性的中心再次蔓延开来，变得无所不在。[1]

　　对于反犹者和犹太媒体来说，针对德雷福斯的牲人祭指控和叛国罪指控之间存在联系，这是不言而喻的。在这个时期，牲人祭和德雷福斯事件这两个主题同时占满了报刊的版面。这种巧合十分惊人，但历史学家们却没有注意到。正是在这一背景下，伊西多尔·勒布率先开火，严厉谴责"公众的轻信"、"历史的弄虚作假"以及"我们杀死小基督徒并喝他们的血的荒诞迷信"。[2]赫尔曼·施特拉克反驳罗林的著作的法语译本出版时，萨洛蒙·雷纳克为它写了一篇热情洋溢的序言。[3]在《以色列史》中，泰奥多尔·雷纳克讨论了"布雷的拉斐尔·李维（原文如此）的可怕悲剧，他于1670被错误地控以牲人祭罪行并被烧死"。[4]最后，他的弟弟约瑟夫·雷纳克，也是最坚定的德雷福斯派，在1898年出版了《拉斐尔·利维：路易十四时代的一宗冤案》。在很短的时间内，雷纳克三兄弟

---

　　[1]　例如参见*L'Univers israélite*, Jan. 28, 1898, and *Archives Israélites*, Nov. 25,1897; Feb. 3, 10, and 17, 1898; Feb. 16, 1899; and March 15, 1900.约瑟夫·雷纳克的著作也提到了倒退至中世纪的主题，这在当时的犹太媒体中十分常见。例如，参见*Histoire de l'Affaire Dreyfus*, by Robert Laffont, introduction by Hervé Duchêne (Paris, 2006), pp. 264, 731 and 978.

　　[2]　Isidore Loeb, *Le Juif de l'histoire et le Juif de la légende* (Paris:Leopold Cerf, 1890), BNF 8° 5524.

　　[3]　Salomon Reinach, preface to H. L. Strack, *Le sang et la fausse accusation du meurtre ritual* (Paris, 1892).雷纳克认为："犹太人进行牲人祭的想法荒谬绝伦，自相矛盾，因为犹太人十分害怕血、尸体以及因为死亡而变得不洁的任何东西……这是迷信，是欺骗。"（p. xl）他的序言后来作为单篇文章发表，参见"The Charge of Ritual Murder", in Revue des Etudes juives, 1892, v. XXV.

　　[4]　Théodore Reinach, *Histoire des Israélites depuis la ruine de leur indépendance nationale jusqu'à nos jours* (Paris:Hachette, 1914), p. 276.他曾在"犹太人"词条[*Dictionnaire universel degéographie* (Paris: Hachette, 1884), p. 92]中讨论这些"无稽之谈"，称它们是"荒谬"、"可憎的指控"，并援引特伦特、大马士革和拉斐尔·利维的案件作为证明。1913年，泰奥多尔·雷纳克在国会介绍了宗教的进步，并谴责了"在20世纪重新发起牲人祭指控的邪恶企图，这种指控是对犹太教最恶毒的诽谤之一"。*Archives Israélites*, July 24, 1913.

都提出了利维事件的问题，其中两人讨论得还十分详细。[1]约瑟夫甚至写了两个多世纪以来关于此事的第一本书，而与卡拉斯事件不同的是，利维事件当时已经从国家记忆当中消失了。这部非常严谨的著作包括以下几个部分：一篇很长的引言，与利维同时代的署名为阿姆洛·德·拉乌赛的指控文章，里夏尔·西门支持利维的反驳文章，以及法庭记录的各项内容，以上全都是首次公开出版。我们不知道他是如何获得这些来之不易的文件的，他把它们视作证明德雷福斯上尉清白的间接证据。他对这些档案作了批判性的评论，包括指出拉乌赛的解释的矛盾之处，点明西门发挥的重要作用（他显然知道西门的神学著作），甚至还引用了格雷茨关于利维事件的若干评论。写这部著作需要开展细致的研究，[2]这也证明这位"国家犹太人"（Juif d'Etat）介入此案的程度之深。他去世时，《犹太世界》写道："对于犹太人的问题，约瑟夫·雷纳克思路非常清晰，这使他成为典型的'被同化'的犹太人。犹太人获得自由之后，犹太教已经变成一个单纯的宗教教派。由于雷纳克不是犹太教信徒，他已不再认同犹太教，但他从未停止关心犹太人的命运。"[3]他在德雷福斯事件中扮演的关键角色，以及他把德雷福斯事件的不公与数个世纪前拉斐尔·利维遭遇的不公进行比较的方式，都印证了《犹太世界》的评价。

因此，德雷福斯事件的发生，促使人们开始关注很久以前的利维事件

---

① 有关约瑟夫·雷纳克的内容，参见Corinne Casset，"Joseph Reinach avant l'affaire Dreyfus.Un exemple de l'assimilation politique des Juifs de France au début de la IIIe République"，diss., Ecole des Chartes.1982; and Jean El Gammal，"Joseph Reinach et la République"，diss., Université Paris X, 1982.Perrine Simon，"Contribution à l'étude de la bourgeoisie juive à Paris, entre 1870 et 1914"，DEA diss., Institut d'Etudes Politiques, 1982.然而，这些作者都没有论及雷纳克关于利维事件的专著。有关雷纳克三兄弟及他们与犹太圈子的关系，参见Pierre Birnbaum, *Les fous de la République.Histoire des Juifs d'Etat, de Gambetta à Vichy* (Paris:Le Seuil, Point, 1994), chap.1.亦参见雷纳克学术讨论会论文。

② 例如，雷纳克援引了里夏尔·西门的答复在法国国家图书馆的索引编号。

③ *L'Univers Israélite*, April 22, 1921.

和同时代的希尔斯纳事件，以及在19世纪最后几十年发生的其他牲人祭指控。约瑟夫·雷纳克是三兄弟当中介入政治最深的一位，他长期在法国政坛扮演重要的角色：他曾是甘贝塔①的亲信，同时也是当时主导政治舞台的机会主义政党的关键人物。如果说他专门为两百年来鲜有人关注的一宗案件写了一本书，那是因为他相信自己可以利用该案作为武器，以捍卫另一个同样遭遇不公正的指控的无辜者：阿尔弗雷德·德雷福斯。从这个意义上说，这本书是他不朽的巨著《德雷福斯事件始末》的前奏。雷纳克是上尉最忠实的支持者，也是德雷福斯一家的密友。为了证明被告的清白，他不惜赌上自己的政治生涯，因为这些作为令他疏远了他所代表的迪涅的选民。雷纳克虽然不是历史学家，他却通过富于洞见的扎实研究，同他最顽固的死敌、全法反犹运动的领导者爱德华·德吕蒙进行斗争。

　　《犹太法国》的作者德吕蒙全身心地投入到他的使命当中。通过《自由言论报》（该报的文章被很多全国和地方媒体转载），德吕蒙凭借巨大的热情和漫无边际的想象，到处散播他的恶毒言论。在仇恨的驱使下，他在法国发起一场规模空前的反犹运动。这场运动把约瑟夫·雷纳克视作眼中钉，反犹主义者对他极尽侮辱之能事。雷纳克也成为德吕蒙日益恶毒的攻击的主要目标。无数漫画把他描绘成各式各样的可怕的动物。面对敌人最卑鄙的威胁，雷纳克展现出令人钦佩的勇气。他一直同奥古斯特·朔伊雷尔-克斯特纳对话，鼓励他承担伏尔泰曾经在卡拉斯事件中扮演的角色，即像伏尔泰揭露卡拉斯所遭遇的不公一样，为德雷福斯伸张正义。1897年底，雷纳克正在准备出版他关于拉斐尔·利维的著作。他写信给朔伊雷尔-克斯特纳，称对方为"我亲爱的阿鲁埃"（阿鲁埃是伏尔泰的真名）："你可以在附件中看到伏尔泰作品的摘录，它们可能会对你有用。你将在这里面看到，你和他都曾经遇到同样的观点和愚蠢，都曾与之斗争

---

① 甘贝塔，19世纪法国政治家，曾担任内政部长。——译者注

并把它们打败。"①雷纳克寄给他的是伏尔泰写给达朗贝尔的信的摘录，其中包含以下内容："在全世界的犯罪史上，有没有发生过这种毫无计划、毫无益处、毫无理由的弑父罪行？"雷纳克补充说："我们应该学习伏尔泰在卡拉斯事件中的作为。卡拉斯已经死了，他被绑在车轮上活活打死，伏尔泰当时肯定不是为了把他被没收的财产还给他的女人（原文如此），而你如今却在这么做……这里面有普遍的、最高的、国家的利益，这就是正义的全部意义。"②

在谈论卡拉斯事件的时候，雷纳克肯定也想到了利维事件，因为他当时正在写关于此事件的研究著作，同时肯定也想到了德雷福斯事件。利维事件发生在卡拉斯事件之前，但伏尔泰并未注意到它，尽管利维被指控

① 1897年10月8日约瑟夫·雷纳克致A.朔伊雷尔-克斯特纳的信件，Correspondance d'A Scheurer-Kestner.BNF n.a.f 23819, no. 135.亦参见1897年8月起雷纳克致朔伊雷尔-克斯特纳的信件，op. cit., nos.29 and 30.注意，无论是《路易十四时代》或是《论宽容》（比如第十章《论虚假传说和错误指控的危害》），或是《评贝卡里亚》（其中也有论及路易十四时期的内容），或是《拉巴尔骑士事件》，伏尔泰都从未提及利维事件。参见 *L'Affaire Calas et autres affaires* (Paris:Gallimard, 1975).关于卡拉斯事件，参见Janine Garrison, *L'Affaire Calas.Miroir des passions françaises* (Paris:Fayard, 2004).加里松写道："伏尔泰之于卡拉斯，是否等同于左拉之于德雷福斯？两人都努力赢得公众舆论的支持，两人也都成功了。"（p. 154）在这里，左拉取代朔伊雷尔-克斯特纳扮演了伏尔泰的角色，人们也经常把左拉比作为希尔斯纳辩护的马萨里克。鉴于约瑟夫·雷纳克的《拉斐尔·利维》和《德雷福斯事件始末》，加上他在整个德雷福斯事件中表现出来的勇气，雷纳克也可以认为自己扮演了伏尔泰的角色。他在1899年就有过这样的表述："乾坤朗朗，在法国，总会有真相大白的一天。只有一个卡拉斯从未得到平反，那就是我的卡拉斯。这个国家传统不会被打破。第二卡拉斯正在走来，随行的还有他的支持者。"*Le Crépuscule des Traîtres* (Paris, 1899), p. 152.另一方面，请注意1897年12月米勒兰在众议院对雷纳克的粗暴攻击，当时雷纳克恰好刚刚发表《拉斐尔·利维》。米勒兰谴责"正在众议院发起战斗的那个人，虽然他可能并不是试图为新卡拉斯平反，而是为其他人平反，也许就在他自己的家庭里面"。引自Jean- Denis Bredin, *L'Affaire* (Paris:Julliard, 1983), p. 216.

② 1897年10月7日约瑟夫·雷纳克致A.朔伊雷尔-克斯特纳的信件，见于Correspondance d'A Scheurer-Kestner, op. cit., no. 132.注意，差不多同一时间，《世界画报》（*Le Monde illustré*, Nov. 5,1897）也把朔伊雷尔-克斯特纳比作伏尔泰，《世纪报》（Le Siècle）也在1898年1月发表了一系列关于"卡拉斯事件"的文章。参见安德烈·鲁米厄为奥古斯特·朔伊雷尔-克斯特纳的著作写的介绍，*Mémoires d'un sénateur dreyfusard* (Strasbourg:Bueb et Reumaux, 1988), p. 41.

的罪行同样"毫无计划、毫无益处、毫无理由"。伏尔泰从未提及拉斐尔·利维的悲惨命运，尽管他显然知道这个不公正的判决，因为他仔细阅读过里夏尔·西门的《驳〈诉梅斯犹太人案情摘要〉》——事实上，在写作《哲学辞典》时，他就是依靠这份文本来获得关于犹太人所遭受的酷刑的信息。① 卡拉斯事件（1762年）发生在利维事件（1669年）和德雷福斯事件（1894年）之间，它们中间分别隔着一个世纪。把它们放在一起比较在所难免。更何况，当《以色列人档案》发表那部相信利维清白的用意第绪语写作的无名氏日记的首个译本时，② 它前面就有一篇奥尔里·泰尔康写的文章。约瑟夫·雷纳克肯定知道这篇文章，但它并不在他有关该案的文选之列，似乎他希望保留自己作为首创者的身份，即第一个把不幸的德雷福斯上尉与利维、卡拉斯和德·拉巴尔骑士这三个早期英雄进行比较。泰尔康详细地阐述过这种联系："这里收集了此前在法国发生、并以宗教的名义实施的三起司法谋杀的资料：首先是17世纪的一个犹太人！没有人抗议，也没有人注意这宗案件！还有18世纪的一个新教徒和一个天主教徒！但这次，伏尔泰和他的朋友站了出来。杯子满了，它在1789年溢了出来。"③

　　从某种意义上说，德雷福斯案只是一系列司法不公的最新一例，在泰尔康看来，这些不公直接导致了法国大革命。雷纳克和新教参议员朔伊雷尔追随伏尔泰的足迹，为德雷福斯积极奔走。两人或许都打算成为19世纪的伏尔泰。但在极端暴力的背景下，雷纳克与德吕蒙之间的冲突很快就出现

---

① Schwarzbach, *Voltaire and Richard Simon*, pp. 47 and 52.
② 参见第四章。
③ *Archives Israélites*, 2 (1841), p. 376.

了意想不到的转折：利维事件和德雷福斯事件被明确地联系在一起。[④] 这样一来，德雷福斯事件被放在新的背景下进行审查，并且与牲人祭的迷信联系起来——我们已经看到，这种迷信已在中欧重现，这几年又逐渐渗透到法国，此前已被遗忘的利维事件则成为其典型案例。或者更准确地说，利维事件已被所有人遗忘，只有德吕蒙和他的追随者还记得，他们抓住这件事情，把法国也拖进同中欧一样混乱不堪的局势当中。德吕蒙出版于1886年的《犹太法国》充斥着暴戾之气，他预测法国将在未来几年内面临一场反犹危机，后来他竭尽全力，把自己的预言变成了现实。德雷福斯事件中的政治气氛就是德吕蒙营造出来的，他日复一日地谴责犹太人在军队中服役，亲自挑衅其中的一些人，并散播犹太人有可能叛国的观念。

任何事情都逃不过德吕蒙的双眼。他利用一切资源挑起愤怒，为他的反犹运动添柴加火。在他印数高达百万份的传单当中，就有许多专门讨论了拉斐尔·利维一案。[①] 我们永远无法得知他是如何了解到这个发生在数个世纪前的事件的。德吕蒙斗志高昂，却又细致入微。他拿到了阿姆洛·德·拉乌赛猛烈攻击利维的《诉梅斯犹太人案情摘要》，并引用了其中的内容。他还声称，他的观点是基于17世纪另一份敌视利维的文本，即埃曼纽埃尔·米歇尔的《梅斯最高法院史》。毕生致力于反犹运动的德吕蒙嗜书如命，他到处搜罗并贪婪地阅读最极端地控告犹太人的作品。他甚至引用了西门为了支持利维和梅斯犹太人而匆匆写就的文章，只是彻底否定了西门的结论。德吕蒙积累的图书汗牛充栋。作为一名狂热的反犹主义

---

④　注意，面对不断高涨的反犹浪潮，曾经谴责牲人祭迷信的萨洛蒙·雷纳克加入了反犹主义抵抗委员会（Committee of Defense Against Anti-Semitism），这是一个由大拉比扎多克·卡恩发起的秘密组织。参见Pierre Birnbaum, "La citoyenneté en péril: les juifs entre intégration et résistance", in P. Birnbaum, ed., *La France de l'Affaire Dreyfus* (Paris:Gallimard, 1994), p. 526.

①　Drumont, *La France juive*, pp. 771-776.注意，阿贝·沙博蒂早在1882年就已经主张拉斐尔·利维有罪：*Les Juif, nos maîtres!* p. 186.

者，他不会错过可能对他有帮助的任何东西。他或许是从《以色列人档案》了解到利维事件，因为他曾系统地搜集过这份刊物，以寻找有用的材料。②

无论如何，德吕蒙在他销量极大的《犹太法国》一书中关于利维事件的详细讨论，令反犹主义者注意到了这个案件。四年后，1890年，亨利·德波特出版了《有史以来的犹太人血祭之谜》，德吕蒙在为这本书写的序言中再次讨论了利维事件："拉斐尔·利维的审判档案必定保存在梅斯的某个地方，除非犹太人已设法令它们消失。"① 德波特在书中用了一整章来探讨"发生在梅斯的罪行"。他也提到了《诉梅斯犹太人案情摘要》，以证明针对拉斐尔·利维的指控的真实性。他挖掘事件细节的深度甚至超过了德吕蒙。他研究了利维写的字条的翻译问题，还有不同证人证言之间的矛盾。但他的结论是，法国"已不再生活在'野蛮时代'，事实上，它已经是全世界最文明的国家。犹太人是否还敢说，他们从未被合法地判定犯有谋杀小基督徒的罪行？"他还攻击了泰奥多尔·雷纳克，因为后者仍然把利维的死称作"司法谋杀"。他最后写道："他们给此人戴上的光环，无疑证明了犹太人对牲人祭的重视：这种野蛮习俗肯定不只局限于少数狂热分子。"②

---

② 在这里，德吕蒙明确提到了《以色列人档案》。参见 *La France juive*, p. 775.

① Drumont, preface to Henri Desportes, *Le mystère du sang juif chez les Juif de tous les temps* (Paris: A. Savine, 1890), p. vi. 1892年，《朝圣者报》从《十字架》、德吕蒙和德波特那里汲取灵感，专门用十个版面来讲述牲人祭的故事，并配上一些恐怖的漫画。除了梅斯之外，该报还提到了布洛瓦、诺维奇、林肯、布拉格、雷根斯堡、特伦特、大马士革、科孚的案件。它最后总结如下："大多数犹太人拒绝承认他们的一些教友犯下的罪行……在法国，犹太人通过控制公共和私人财富，专门榨取民众的资源。" *Le Pèlerin*, Apr. 1o, 1892.

② 这两条资料引自 Desportes, *Le mystère du sang*, pp. 178-179. 同年，德波特发表了另一本小册子，同样由德吕蒙作序: *Tué par les Juifs. Histoire d'un meurtre ritual* (Paris: Albert Savine, 1890). 在结论中，他遗憾地表示人们已不再谴责"犹太人的谋杀行为"，并威胁道："这个弱点将持续恶化，直到基督徒做累了奴隶，最终起而反抗他们的犹太人主子。"（p. 59）

正如他的书名所示，德波特相信犹太人在当时仍然践行这种"野蛮习俗"，并且获得包括雷纳克兄弟在内的犹太精英的首肯。在这一背景下，德雷福斯事件可以看作是牲人祭指控的替代品，因为它同样妖魔化全体犹太人，把他们描述成出自远古时代的嗜血动物，与法国的精神格格不入，并且他们随时都可能叛国。越来越多的人把这两个事件放在一起比较，这也变成了一种不可阻挡的趋势。1897年，德雷福斯事件开始四年后，里昂圣心学校的退休教师让·德·帕夫利发布了一份报告，它反映了教会在该问题上的官方立场。报告末尾写道，牲人祭指控"在今天仍有生存空间，纯粹是因为少数存心不良的无赖会相信对犹太人不利的任何事情。法庭对这些混蛋的惩罚也不够严厉。这些人做出此种恶行的唯一目的，就是把民众推向暴力"①。

报告的作者虽然是一个天主教徒，但它并未产生任何影响。为了回应反犹主义者的恶毒攻击，约瑟夫·雷纳克出版了他的《拉斐尔·利维：路易十四时代的一宗冤案》。此时埃斯特拉齐刚刚被判定无罪，左拉则已经发表了他的《我控诉》。反犹民众在城市中聚集并骚扰犹太人。为防止暴力行为，警察和军队不得不干预。知识分子联合起来，组成"人权和公民权联盟"，以抗衡反犹太人和民族主义的"法兰西祖国联盟"。德吕蒙、介朗和他们的追随者到处都是。民族主义、天主教和反犹组织似乎主导了公共领域，因为他们有能力动员法国各个社会阶层的广大民众。当德雷福斯本人在恶魔岛上努力求生的时候，少数继续为上尉奔走的忠实的德雷福斯派分子孤独地战斗着，等待知识分子以及后来的饶勒斯和社会主义者加入进来。约瑟夫·雷纳克和参议院副议长朔伊雷尔-克斯特纳、马蒂厄·德雷福斯、贝尔纳·拉扎尔一起领导这场斗争，他们全身心投入，为德雷福斯奔走呼吁。雷纳克后来成为专门研究该事件的历史学家，而他的

---

① Jean de Pavly, *Le meurtre rituel des Juifs* (Orléans, 1897).Bibliothèque de l'AIU.U 1640 b.

有关作品至今仍是研究的必读书目。显然，他关于利维的著作是这次斗争的重要武器。由于反犹主义者把这两个案件联系在一起，所以当雷纳克揭露利维案的真相时，他也是在为德雷福斯辩护。在著作一开头，讨论大量的文献证据之前，他写道："司法错误的历史从来都是值得探究的。它们迫使人们（甚至包括法官）在某些时刻对那些问题进行反思。在阅读拉斐尔·利维的历史时，人们必定能找到值得反思的地方。"①

雷纳克系统地反驳了阿姆洛·德·拉乌赛的结论，这起到了釜底抽薪的效果，因为德吕蒙和德波特就是从拉乌赛那里获得的灵感。他指出，针对犹太人的"血祭诽谤"是一种迷信，它是非理性的，源于这种迷信的指控在一系列逻辑推理中就包含了这个错误的假设。他列举了施特拉克的著作（德吕蒙并未提及此人），并证明历代教宗都曾郑重谴责这类指控，然而试图成为天主教阵营的代言人的《十字架》和德吕蒙却仍旧作出这种指控。他精确地引用与拉斐尔·利维同时代的无名氏作者的意第绪语日记，并在《以色列人档案》中发表了该日记的第一个全译本。雷纳克主要依靠神学家兼希伯来学者里夏尔·西门关于该案的描述，西门则是应他的朋友萨尔瓦多的要求写了那篇文章，当时西门跟他一起研习《希伯来圣经》和《塔木德》。西门的文章证明了利维的清白。这篇文章被送到德·贝尔尼侯爵手里，他答应会转交给路易十四。雷纳克随后描述路易十四如何在御前会议上审议该案，会议颁布了一项经国王本人签署的政令，命令梅斯最高法院停止针对涉嫌与拉斐尔·利维同谋的三个犹太人的指控。他引述了御前会议和国务会议颁布的各项政令，德吕蒙和德波特则选择忽略这些政令，因为政令的内容与他们的指控相矛盾。他指出了德·卢瓦侯爵所扮演的角色，它和所有其他证据一同表明，法国政府曾经强力干预，以保护

---

①　Joseph Reinach, *Raphaël Lévy*, p. 7.雷纳克把自己的文章收入*Essais de politique et d'histoire* (Paris:Stock, 1899).

犹太人不被梅斯最高法院报复："最高法院终于明白了路易十四的意图，从此放下它的武器。"[②] 雷纳克展示了他对该案细致入微的了解，并娴熟地驾驶各种材料，这种掌控力在他后来讲述德雷福斯事件时再次得到展现。[①] 雷纳克在叙述利维事件时，随处可以看到德雷福斯事件的影子。他重点指出了专家的争议角色，[②] 强调被告"清白而高贵，他拒绝承认任何指控"，并讨论了这个"顽固的犹太人"坚毅的性格。[③] 他写道："国务会议接管该案，在法律上（如果不是在事实上）无异于撤销了对拉斐尔·利维的判决以及所有的后续起诉。"当他这么写的时候，他是否已经预感到，总有一天德雷福斯也会获得同样的结果？虽然1899年的雷恩审判未能判定他无罪释放，而上诉法院一直到1906年才承认他的清白。

在雷纳克的书出版后不久，德吕蒙就在《自由言论报》上作了尖刻的回应。他写道："约瑟夫·雷纳克并不满足于为新的罪犯开脱罪名，他还翻出旧案。他不仅拼凑一系列伪证，通过攻击无辜者来为德雷福斯开脱，他还一直试图为一个名叫拉斐尔·利维的犹太人平反，而此人有罪已是板上钉钉的事实。"德吕蒙详细讨论了利维的审判，他认为犹太人的拖延战术在17世纪的法国毫无成功的机会，而不像在当前的奥匈帝国那样能够成功地介入——在这里，德吕蒙指的是蒂萨-艾斯拉尔一案。他最后警告他的读者说，由于约瑟夫·雷纳克的努力，"可以肯定，德雷福斯总有一天也会变成圣徒（légende）"[④]。

在1897至1898年的悲剧时刻，雷纳克的著作出版，这是对犹太媒体的慰藉，因为该书意味着他将更深入地介入到德雷福斯事件当中。亨利·普

---

[②]  39.Ibid., p. 66.

[①]  Reinach, *Histoire de l'Affaire Dreyfus*.

[②]  Reinach, *Raphaël Lévy*, p. 26.

[③]  Ibid., pp. 12, 30, 32.

[④]  这两条资料都引自*La Libre Parole*, Dec. 13, 1897.

拉格在《以色列人档案》中写道：

> 约瑟夫·雷纳克议员在这个星期出版了一部振聋发聩的著作，这里是该书的内容摘录。目前到处都传来司法不公的消息，其中最令人痛心的无疑是那个不幸被发配到恶魔岛的囚犯。在这个时候，这本书的出版让我们看到了些许希望……鉴于当前的局势，这本书具有严酷的现实性。当你读完这本书，你会感觉到，尽管时过境迁，邪恶之徒达到其目的的手段却基本如故，宗派激情——应该称作宗教仇恨、种族仇恨或职业猜疑——仍然十分强大，即使在文明之光已广为传播的今天，它依然能够扼杀真相，扭曲司法，即使最耿直的良心也要为它退避三舍。①

伊萨耶·勒瓦扬对该书也有类似的评论，他在《犹太世界》中写道：

> 雷纳克阁下显然刻意回避了最明显的比较，而把自己的工作严格限制在历史学家的范畴。但无论他是否出于故意，他的书都触及了当今最受关注的一些话题。他的著作展现了一个最切合当下形势的问题，即无论是在哪个时代，宗教仇恨都会扭曲人心，掩盖良知，创造一种必定会导致司法罪恶的不良氛围，而这一切又显得极其自然……我们是否有底气说，拉斐尔·利维式的司法错误已不可能重演？可悲的是，在这方面，现在和过去并无明显不同，相反，我们仍然可以根据历史，了解和解释今天发生的一切。司法的形式可能已经改变，酷刑可能已被取消，每个被告依其所愿为自己辩护的权利可能已经正式确立。然而，蒙蔽理性判断的成见和扭曲良心的偏见依然如故。至少在法国，犹太人已不再遇到牲人祭的指控，但人们仍然认为他们会

---

① *Archives Israélites*, Dec. 30, 1897.

犯下令人憎恶的罪行，原因仅仅是他们的犹太人身份。我们还可以自问，利维遇到的司法错误在今天是否很容易就能纠正？或者，如果不能纠正（因为它已无可挽回），至少承认并宣告那是一个错误……如果军事法庭的法官能够反思拉斐尔·利维一案的教训，那该有多好啊![1]

该说的都在这里了。勒瓦扬看法悲观，他认为司法系统自17世纪以来可能一直在倒退，认为德雷福斯的命运甚至比利维更加难以预料，尽管德雷福斯并没有遭受酷刑或火刑的危险。同样悲观的亨利·普拉格指出："在一个世纪前的绝对君主制度下，获得正义要比在民主共和制度下容易，尽管后者自命为公正、公平、理性的政府。"[2]

作为德雷福斯不知疲倦的支持者，约瑟夫·雷纳克重新发现了利维事件的真相。如果军事法庭的法官能够吸取其中的教训，那该多好！很不幸，事与愿违，阿尔弗雷德·德雷福斯再次被判有罪。直到1906年，他遭遇的司法错误才得以纠正——这要比利维案久得多（当然，利维本人没能活着看到那一天）。

*

事实上，尽管上诉法院在1906年做出无罪判决，许多人仍然相信德雷福斯有罪，就如同支持德吕蒙的极右分子仍然相信拉斐尔·利维有罪一样，并且这两拨人在很大程度上是重叠的。例如，1914年，德吕蒙一位最忠实的支持者阿尔贝·莫尼奥出版了一本题为《犹太人的牲人祭犯罪》

---

[1] *L'Univers Israélite*, Dec. 27, 1897.

[2] *Archives Israélites*, Jan. 13, 1898.普拉格对赫茨尔·利维案作出这个判断，该案于1754年在科尔马审判。

的书，德吕蒙在序言中坚称莫尼奥的书和他自己的《犹太法国》之间存在密切的联系。在书中第一页，莫尼奥就援引了德吕蒙和亨利·德波特来支持自己的观点。他谴责了施特拉克和泰奥多尔·雷纳克的著作，并指控他们通过否认存在牲人祭犯罪来"隐瞒"[③]真相。奇怪的是，他只字未提约瑟夫·雷纳克更为系统的著作，而只提到了他的《德雷福斯事件始末》一书。他多次回到德雷福斯事件上面，认为上尉有罪是毫无疑问的。[①] 在讨论诺维奇和布洛瓦的所谓牲人祭事件之后，他谈到了梅斯和利维案件。他的结论很明确："无论是一项还是一百项政令，无论是在17世纪还是19世纪，都改变不了以色列人永恒的否认。因此，泰奥多尔·雷纳克把拉斐尔·利维被处死称作司法谋杀，也就顺理成章了。"[②]

可见，在1914年和以后的时间里，右翼民族主义者和反犹主义者仍旧认为应当把这两起案件联系在一起。德吕蒙的追随者在20世纪上半叶仍然相当活跃，他们无休止地援引利维事件，作为他们仇恨犹太人的理由。让·德罗是德吕蒙一个最狂热的信徒，1923年，他逐字重复了阿姆洛·德·拉乌赛对利维的指控："这个三十六岁的拉比长着蜷曲的黑发，有一副大黑胡子和一双秃鹫似的眼睛。可以肯定，他是贩卖基督徒血液的卡哈尔[③]的神秘代理人之一，这种事情在1840年的大马士革调查中已得到证实……因此，在处理犹太凶手方面，路易十四时代要比光荣的第三共和国更加公正。"[④]

阿尔贝·莫尼奥和让·德罗只是德吕蒙众多追随者中的两个。这些

---

③ Albert Monniot, *Le crime rituel chez les Juifs* (Paris:Pierre Téqui, 1914), p. 55.

① Ibid., pp. 14, 22, 27,119.

② Ibid., p. 207.他还提到了《诉梅斯犹太人案情摘要》，以及埃曼纽埃尔·米歇尔写《梅斯最高法院史》，后者同样敌视犹太人。

③ 卡哈尔（Kahal），古以色列的一种神权政治组织结构，后来指中东欧犹太人的自治政府。——译者注

④ Jean Drault, "Pourquoi fut brûlé vif le rabbin Raphaël Lévy", *La vieille France* 332 (1923), p. 29.

追随者竭力把拉斐尔·利维和阿尔弗雷德·德雷福斯的案件联系起来，尽管所有的证据都证明两人是清白的。[⑤] 从17世纪至今，反犹传统一直援引这两个案件，以证明仇恨犹太人并把他们逐出法国的正当性。无论指控的罪名是牲人祭，还是危及法国的天主教认同的叛国罪，反犹主义者的目的都是除掉他们中间的这些外来者，并把国家所面临的一切困境都归咎于这些人。

---

[⑤] 例如，参见Robert Launay, *Figures juives* (Paris:Nouvelle Librairie Nationale, 1921), p. 204.

# 结论

在1669年最后几个月，梅斯或其周围发生谋杀案的可能性不大。截至今日，小迪迪埃·勒瓦莫纳的死仍是一个未解之谜。拉斐尔·利维错误地遭到指控，并被严刑拷打，但他拒绝承认各种虚构的罪行。他以惊人的毅力逐一反驳控方证人，自始至终都没有背叛他的信仰和民族。由于勇敢地面对火刑柱，他被视为圣人，并在死后被追授为"拉比"，尽管他对《托拉》的了解十分有限。梅斯和周围村庄的犹太社区遵奉正统的宗教信仰，并通过强大的社会关系团结在一起。从此以后，他们通过他实现了身份认同，他们保留着关于他的记忆，尊他为殉道者。时至今日，他们仍然不愿在夜间经过那片被诅咒的格拉蒂尼森林。

然而，拉斐尔·利维依然只是一个默默无闻的英雄。他从未获得让·卡拉斯或阿尔弗雷德·德雷福斯那样的名声。历史教科书并未提及他的名字。没有人给他竖立雕像。他并未出现在法国的国家记忆当中，也没有出现在梅斯地区之外的法国犹太人的记忆当中。但其经历的重要性却超越了地方史的范围，因为它标志着民族国家构建的一个关键时刻。面对地方显贵的阻力，法国未能在梅斯强力推行它的法律和秩序，但梅斯仍然被视作一个"拱卫法兰西"的好城市。地方官员和最高法院的法官完全按照自身的偏见行事。在这一争议地区，地方对国家秩序的长期抵制注定了拉斐尔·利维的悲剧命运。无论是国王与犹太人之间长期失修的王室联盟，或是利维的教友的及时援助，还是试图帮助他的少数天主教邻居的证词，全都救不了他。

因此，这起被遗忘的牲人祭指控的历史值得被重新发现，特别是因为它与另一个迷信密切相关，即关于迈耶·施瓦布和他的朋友在一间昏暗的里屋内，手持匕首和长矛亵渎圣饼的指控。这两个密切相关的故事后来成为法国近代史上两个独特的事件，因为在现代化的过程中，害怕女巫、恶魔和魔法的中世纪变得越来越陌生。令人惊奇的是，这些事件竟然发生在17世纪后期，而这是一个以文化和科学成就留名青史的时代。这就如同反改革运动需要一个他者一样，这个他者要敌视它的秩序观念，拥有不同的信仰，并置身于基督教的传统之外。新教徒尽管很快就会被国家排斥，但他们仍处在基督教的传统之内。

拉斐尔·利维的遭遇很快就被湮没在历史的尘埃之中。一个多世纪后，法国大革命让法国犹太人得以融入法兰西民族当中。在经常是压迫性的中世纪和雅各宾派促成的重生——可谓"新的'出埃及'"——之间，利维事件从记忆中消失了。就在这个特殊的事件几乎被所有人遗忘的时候，反革命右派又兴高采烈地旧事重提。反犹民族主义者经常利用这个案件来证明犹太人的背信弃义——大革命和当时的共和国把这些犹太人改造成有权享受国家荣誉的公民，但无论是过去还是现在，他们始终密谋背叛这个国家并威胁她的灵魂。德雷福斯事件期间，利维事件重回人们的视野，并受到普遍关注，证明了它拥有的特殊地位。德吕蒙等人坚决主张，牲人祭是仍旧憎恨天主教法国的犹太人叛国的前兆。在很短的一段时间，法国似乎重新回到了中世纪，包括它所有的想象和恐惧在内。阿尔及利亚甚至发生过某种形式的十字军运动，并导致许多犹太人遭到屠杀。当共和国最终承认德雷福斯上尉的清白，并为这位遭到错误指控的犹太人提供国家保护（就如同绝对主义国家在两百多年前做过的那样）的时候，利维事件再度被遗忘，并从国家记忆中消失了。也许是因为当代国家后撤，各种偏见重新爆发，暴力甚至谋杀重新抬头，使得讨论拉斐尔·利维的悲惨命运再次具有了重要的意义。

# 译后记

　　本书的翻译和出版，恰逢译者开始"青椒"生涯、各种职业和生活压力接踵而至的时期。面对骨感的现实，理想有如一路飞蹿的房价，越发触不可及。浮躁的象牙塔，守不住落寞的一地鸡毛。然而，与犹太民族长达数千年的苦难相比，个人的这点挫折根本不值一提。

　　犹太青年拉斐尔·利维的悲剧发生在辉煌的路易十四时代。"太阳王"的神圣光辉，并未能照亮王国这个阴暗的角落。当然，这不是路易十四的错，因为长久以来，以及在随后的几个世纪中，类似的悲剧一直在欧洲各地不断上演，直至酿成20世纪的纳粹大屠杀。确实，我们需要仔细探究历史上发生的具体个案，才能更好地理解那场最终促成西方深刻反思的深重浩劫。

　　拉斐尔·利维案长久地被湮没在历史的尘埃之中，直到19世纪末在德雷福斯事件中作为犹太人有罪的证据被重新提起。进入21世纪，尽管许多知晓此案的人都已相信利维无罪，但人们仍普遍把它视作一宗单纯的冤案。在这个意义上，皮埃尔·比恩鲍姆这部著作的特殊价值便凸显出来。

　　在政治史、社会史之外，经受过新文化史洗礼的比恩鲍姆还在此书中加入了观念史的视角，从而通过17世纪的拉斐尔·利维一案，把整个犹太民族的历史境遇，在他们与周边基督徒的日常交往中，生动而令人信服地展现出来。换言之，此书学术关注的重心是：同时代与犹太人比邻而居（作者着重强调了这一事实）的基督徒是如何看待他们的犹太人邻居的。

拉斐尔·利维对审判满怀信心。他深信自己可以轻易地洗清嫌疑，而他的邻居，包括经常同他做生意的基督徒，都能证明他的清白。他错了。平日里和善的邻居突然一个个变得面目狰狞，对他和犹太社区的其他成员提出最严厉的指控，包括有人声称亲眼看见犹太人在密室里进行再现基督受难的血祭仪式。尽管有明显的证据证明这些说法纯属谎言，但这些荒诞不经的证言还是被轻而易举地采信了，因为那是一个从骨子里相信巫术（犹太人为了摆脱困境，也曾求助于巫术）和歧视犹太人的世界，而类似的指控在历史上屡见不鲜。

比恩鲍姆指出，此案反映了基督徒对犹太人长期抱持的基本态度，而这又与犹太人的"外来者"身份有关。"外来者"受到排挤是世界性的现象。然而随着时间的推移，"外来者"总是能够通过某种方式融入当地社群——唯独欧洲的犹太人是个醒目的例外。从这个角度来说，邻居的虚假证言也不全是他们有意为之，因为其背后是根深蒂固的区隔和偏见。这是比利维案更大的历史悲剧。

二战之后，灾难深重的犹太民族终于逐渐走出历史阴霾，然而中东的地缘政治现状意味着复兴之路仍旧任重道远。而经过挫折和失望之后，译者的工作生活也逐渐走上正轨，新生命的诞生和成长更是给予了乐观向前的充分理由。

是为记。

唐运冠

（温州大学人文学院讲师，浙江大学历史学博士）

2017年8月 浙江温州

（译者在翻译过程中得到了浙江大学"双一流引导专项"的支持，同时，本书是浙江大学中央高校基本科研业务费专项资金资助项目"法国启蒙运动和大革命研究青年创新团队"的阶段性成果）

**图书在版编目（CIP）数据**

　　牲人祭：近代早期欧洲的犹太人想象 /（法）皮埃尔·伯恩鲍姆（Pierre Birnbaum）著;唐运冠译.—杭州：浙江大学出版社，2017.10
　　ISBN 978-7-308-16613-3

　　Ⅰ．①牲… Ⅱ．①皮… ②唐… Ⅲ．①犹太人-民族历史-研究-欧洲 Ⅳ．①K18

中国版本图书馆CIP数据核字（2017）第008187号

"UN RECIT DE MEURTRE RITUEL AU GRAND SIECLE-L'AFFAIRE RAPHAEL LEVY-METZ 1669"
By Pierre BIRNBAUM

**牲人祭：近代早期欧洲的犹太人想象**

（法）皮埃尔·伯恩鲍姆　著

唐运冠　译

责任编辑　谢　焕
责任校对　李增基
封面设计　城色设计
出版发行　浙江大学出版社
　　　　　（杭州市天目山路148号　邮政编码310007）
　　　　　（网址：http://www.zjupress.com）
排　　版　浙江时代出版服务有限公司
印　　刷　浙江印刷集团有限公司
开　　本　880mm×1230mm　1/32
印　　张　5.625
字　　数　141千
版 印 次　2017年10月第1版　2017年10月第1次印刷
书　　号　ISBN 978-7-308-16613-3
定　　价　38.00元